Ludmila Krasowitzki

Nachhaltige Geldanlagen in Deutschland

Diplomica® Verlag GmbH

Krasowitzki, Ludmila: Nachhaltige Geldanlagen in Deutschland, Hamburg, Diplomica Verlag GmbH 2012

ISBN: 978-3-8428-8975-0
Druck: Diplomica® Verlag GmbH, Hamburg, 2012

Bibliografische Information der Deutschen Nationalbibliothek:
Die Deutsche Nationalbibliothek verzeichnet diese Publikation in der Deutschen Nationalbibliografie; detaillierte bibliografische Daten sind im Internet über http://dnb.d-nb.de abrufbar.

Die digitale Ausgabe (eBook-Ausgabe) dieses Titels trägt die ISBN 978-3-8428-3975-5 und kann über den Handel oder den Verlag bezogen werden.

Inhaltsverzeichnis

Abkürzungsverzeichnis

AG	Aktiengesellschaft
AltZertG	Altersvorsorgeverträge-Zertifizierungsgesetz
BVI	Bundesverband Investment und Asset Management e. V.
BVR	Bundesverband der Deutschen Volksbanken und Raiffeisenbanken
BKC	Bank für Kirche und Caritas eG
BMU	Bundesministerium für Umwelt, Naturschutz und Reaktorsicherheit
BRD	Bundesrepublik Deutschland
CSR	Corporate Social Responsibility
DJSI	Dow Jones Sustainability Index
DNK	Deutsche Nachhaltigkeitskodex
dyn.	dynamisch
DVFA	Deutsche Vereinigung für Finanzanalyse und Asset Management
Eurosif	European Sustainable and Responsible Investment Forum
EFFAS	European Federation of Financial Analysts Societies
EEG	Erneuerbare Energien Gesetz
eG	eingetragene Genossenschaft
ESG	Environmental, Social & Governance
ETF	Exchanged Traded Funds
e. V.	eingetragener Verein
FAQ	Frequently Asked Questions
FHL	Frankfurt-Hohenheimer Leitfaden
FNG	Forum Nachhaltige Geldanlage
GCX	Global Challenges Index
GLS	Gemeinschaftsbank für Leihen und Schenken
GRI	Global Reporting Initiative
HNWI	High Net Worth Individual
ILO	International Labour Organization
i. V. m.	in Verbindung mit
k. A.	keine Angabe
KPI	Key Performance Indikator
LKG	Landeskirchliche Kreditgenossenschaft
LOHAS	Lifestyle of Health and Sustainability
LOVOS	Lifestyle of Voluntary Simplicity

NAI	Natur Aktien Index
NGO	Non-Governmental Organization
N.V.	Naamlooze Vennootschap (niederländisch "Aktiengesellschaft")
OECD	Organisation for Economic Co-operation and Development
p.a.	per anno
SAM	Sustainable Asset Management
SBI	Sustaninable Business Institut
SE	Societas Europapaea
SRI	Socially Responsible Investment
UBAI	UmweltBank AktienIndex
UN	United Nations
UNCED	United Nations Conference on Environment and Development
UNEP	United Nations Environmental Program
VAG	Versicherungsaufsichtsgesetz
var.	variabel
WCED	Word Commission on Environment and Development
WGBI	World Government Bond Index

Abbildungsverzeichnis

Tabellenverzeichnis

1 Ziel und Aufbau der Studie

„Sei Du selbst die Veränderung, die Du Dir wünschst für diese Welt"
Mahatma Gandhi

„Man kann nicht in die Zukunft schauen, aber man kann den Grund für etwas Zukünftiges legen – denn Zukunft kann man bauen"
Antonie de Saint-Exupery

„Geld ist an sich weder böse noch gut. Es liegt an dem, der es brauchen tut"
Sprichwort

Geld und Moral? Sind diese Begriffe vereinbar? Sind uns Menschen wirklich nur die klassischen Anlageziele wie Rendite, Risiko und Liquidität bei der Wahl der Geldanlage wichtig, oder wollen wir mit dem investierten Geld auch etwas bewirken?

Seit Jahrhunderten diskutieren die Theologen über die Vereinbarkeit von Geld und Moral. Sie versuchen aus Wörtern der Bibel die Einstellung Jesus zum Geld abzuleiten. Max Weber ist sogar gelungen darzulegen, dass Protestantismus und die Reformationsbewegung des XVI Jahrhunderts eine positive Wirkung auf die Entwicklung des Kapitalismus und somit des Wohlstandes in Europa hatte.[1]

Ein in der neoklassischen Mikroökonomik entwickeltes Bild vom homo oeconomicus, der „durch formale und inhaltliche Rationalität, durch Eigeninteresse und Autonomie sowie durch Interessenausgleich"[2] charakterisiert ist, entspricht nicht der Realität. Auch in Geldfragen handelt der Mensch nicht immer rational. Seine Emotionen, Wertvorstellungen, Religionszugehörigkeit, soziales Umfeld und weitere persönliche Merkmale beeinflussen seine Entscheidungen. Die moderne Ökonomie verwendet Simon-Ansätze von „begrenzter oder intuitiver Rationalität", die versuchen die Wertvorstellungen in die Berechnung des Erwartungsnutzens zu implementieren.[3]

Nach der Finanzkrise von 2008 wurden viele Fragen aufgeworfen, unter anderem auch über die Moral und das Geld. Rufe nach weiteren gesetzlichen Regulierungen wurden laut. Die gegenwärtige europäische Schuldenkrise zeigt nun die Machtlosigkeit der obersten Volksvertreter. Im Endeffekt sind aber wir selbst diejenige, die unser Leben von Morgen bestimmen, wir sind die Konsumenten, die Geldanleger, die Mitarbeiter, die Bürger. Wenn wir versuchen in jeder Hinsicht bewusst und nachhaltig zu handeln, bleibt den Unternehmen, den Finanzinstituten und der Politik keine andere Wahl, als ihre Produkte bzw. die Wahlprogramme an unsere Wünsche anzupassen.

[1] Vgl. Weber, M. (2010), S. 202
[2] Meckenstock, G. (1997), S. 33
[3] Vgl. Hawliczek, J. W. (2008), S. 27

Eine Möglichkeit die wirtschaftlichen Prozesse zu steuern ist die nachhaltige Geldanlage[4], denn wie das alte Sprichwort besagt „Geld regiert die Welt". Wir sollten unseren Einfluss nicht unterschätzen, denn jeder von uns hat einen gewissen Geldbetrag, der für die Zukunft gedacht ist. Wir haben Lebensversicherungen, unterschiedliche Formen der Altersvorsorge, Tagesgeldanlagen, Anteile an Investmentfonds usw. und damit auch die Macht der Entscheidung, wie dieses Geld angelegt wird. Durch die nachhaltige Geldanlage üben die Anleger Einfluss auf Unternehmen aus, denn durch die Festsetzung von Nachhaltigkeitskriterien wird die erwünschte Entwicklungsrichtung gesteuert.[5]

Ziel dieser Studie ist vor allem einen fundierten Überblick über den deutschen Markt für nachhaltige Geldanlagen zu schaffen. Da in der heutigen globalen Welt die Abgrenzung der regionalen Märkte nicht ohne Einschränkungen möglich ist, wurde versucht den Markt, aus der Perspektive der deutschen Marktteilnehmer zu betrachten. Somit wurde die untersuchte Marktumgebung insbesondere aus dem Blickwinkel der deutschen Investoren, Finanzintermediären und Unternehmen unter Einbeziehung der deutschen Ratingagenturen und Indexanbietern analysiert.

Die Studie wird in der Reihenfolge von mit dem Ziel korrespondierenden Fragestellungen aufgebaut. Die Fragestellungen, die in entsprechenden Kapiteln 2 bis 7 dieser Studie abgearbeitet werden, sind in der Abbildung 1 dargestellt. Das Kapitel 8 ist der Analyse der Studien zum Performancevergleich zwischen klassischen und nachhaltigen Geldanlage gewidmet. Die Untersuchung wird mit einer Zusammenfassung und kritischen Würdigung in Kapitel 9 abgeschlossen.

---

[4]Vgl. Gabriel, K. (2007), S. 81
[5] Vgl. Upgang, M. (2009), S. 60

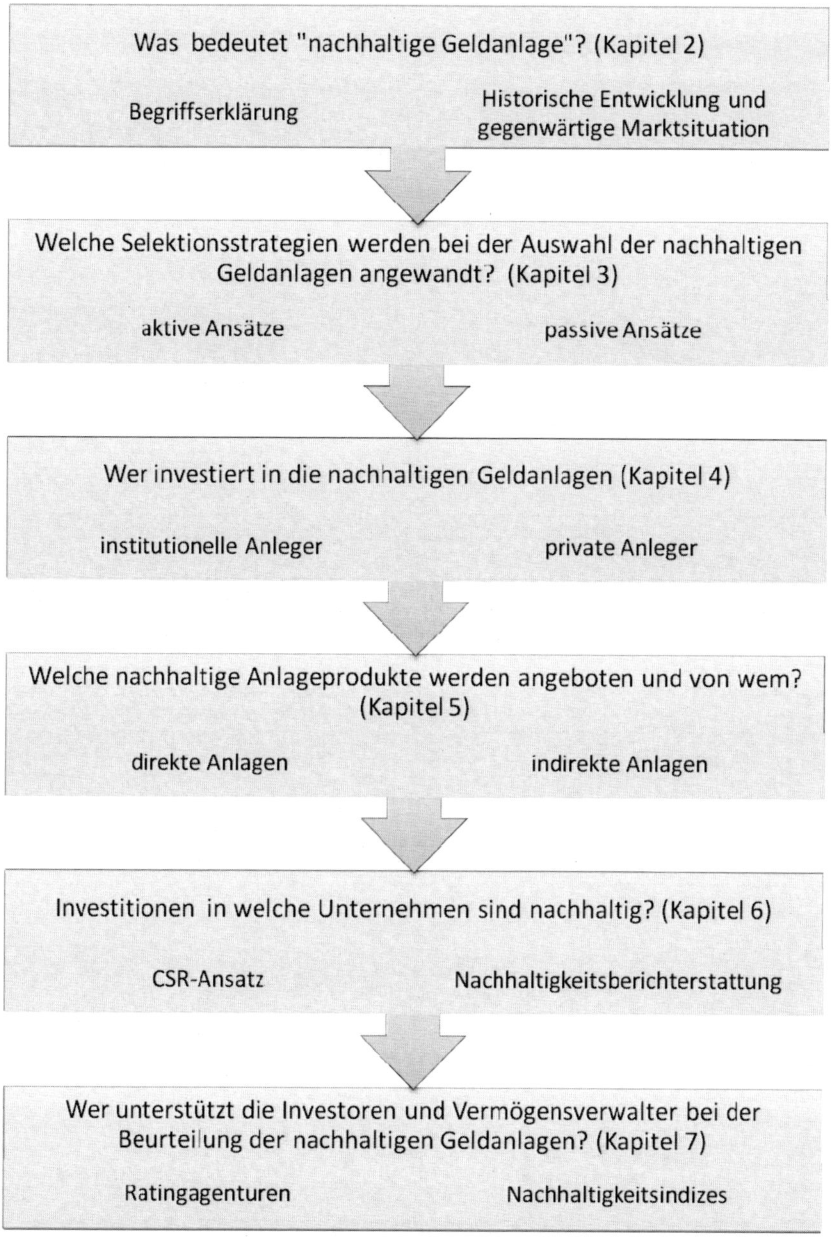

Was bedeutet "nachhaltige Geldanlage"? (Kapitel 2)

Begriffserklärung

Historische Entwicklung und gegenwärtige Marktsituation

Welche Selektionsstrategien werden bei der Auswahl der nachhaltigen Geldanlagen angewandt? (Kapitel 3)

aktive Ansätze

passive Ansätze

Wer investiert in die nachhaltigen Geldanlagen (Kapitel 4)

institutionelle Anleger

private Anleger

Welche nachhaltige Anlageprodukte werden angeboten und von wem? (Kapitel 5)

direkte Anlagen

indirekte Anlagen

Investitionen in welche Unternehmen sind nachhaltig? (Kapitel 6)

CSR-Ansatz

Nachhaltigkeitsberichterstattung

Wer unterstützt die Investoren und Vermögensverwalter bei der Beurteilung der nachhaltigen Geldanlagen? (Kapitel 7)

Ratingagenturen

Nachhaltigkeitsindizes

Abbildung 1: Fragestellungen und Aufbau der Studie

2 Allgemeine Grundlagen

2.1 Historische Herkunft des Begriffs „Nachhaltigkeit“

Der Begriff „Nachhaltigkeit“ stammt aus Deutschland und wurde erstmals im XVIII Jahrhundert in der Forstwirtschaft verwendet. Hans Carl von Carlowitz formulierte 1713 das Grundprinzip der nachhaltigen Forstwirtschaft wie folgt: „Schlage nur so viel Holz ein, wie der Wald verkraften kann“[6]. Im XIX Jahrhundert wurde diese rein ressourcenökonomische Sichtweise der Nachhaltigkeit auf sämtliche Funktionen des Waldes als einheitliches Ökosystem erweitert.[7]

In den 60-er -70-er Jahren des XX Jahrhunderts wurde in der westlichen Welt die internationale Umwelt- und Entwicklungsdiskussion geführt und mit dem Bericht vom Club of Rome „Die Grenzen des Wachstums“ wurde in 1972 der Begriff „Nachhaltigkeit“ auf weitere Wirtschaftsbereiche erweitert[8]. Der Begriff „Nachhaltigkeit“ bezog sich aber weiterhin nur auf rein ökologische Aspekte.

Erst im Jahr 1983 wurde durch die UN-Kommission für Umwelt und Entwicklung unter dem Vorsitz der norwegischen Ministerpräsidentin Gro Harlem Brundtland der Begriff „Nachhaltige Entwicklung“ oder auf Englisch „Sustainable Development“ als „eine Entwicklung, die die Bedürfnisse der Gegenwart befriedigt, ohne zu riskieren, dass künftige Generationen ihre eigene Bedürfnisse nicht befriedigen können“ definiert[9]. Damit bezog die Brundtland-Kommission nicht nur die Naturschutzaspekte, sondern auch die sozioökonomische Probleme in den Begriff „Nachhaltige Entwicklung“ mit ein.

Im Jahr 1992 verabschiedete die UNCED-Konferenz in Rio de Janeiro die Agenda 21 und die Rio-Deklaration, in denen 121 Staaten „Sustainable Development“ oder „Nachhaltige Entwicklung“ als Entwicklungsziel der Menschheit definierten. Es wurden erstmals politisch verbindliche Vereinbarungen sowie konkrete Maßnahmen und Ziele für eine nachhaltige Entwicklung vereinbart. Diese Konferenz begründete auch die Tripple Bottom Line (Drei-Säulen-Modell).[10] In diesem Modell sind alle drei Komponenten (Ökologie, Soziales und Ökonomie) gleichrangig. Die Ökologie richtet sich auf

---

[6] Vgl. Schüler, A. (2006), S. 21
[7] Vgl. Brockhaus Enzyklopädie (2006), Band 19, S. 233
[8] Vgl. Pauli, B. (2007), S. 7
[9] WCED(1987), S. 43
[10] Vgl. Tremmel, J. (2003), S. 94

den Erhalt der Natur für die zukünftigen Generationen. Unter sozialer Nachhaltigkeit versteht man die Sicherung der Grundbedürfnisse, gerechte Verteilung von Ressourcen sowie die Armutsbekämpfung.[11]

In Deutschland wurden die Beschlüsse der Rio-Konferenz und das Drei-Säulen Modell von der Enquete-Kommission „Schutz des Menschen und der Umwelt" des 13. Deutschen Bundestages umgesetzt.[12]

Die Brockhaus Enzyklopädie definiert den Begriff „Nachhaltige Entwicklung" als „Leitbild der internationalen Politik und zivilgesellschaftlichen Bewegungen, das eine dauerhafte und gerechte Bewirtschaftung des Planeten Erde zum Ziel hat"[13].

2.2 Definition und Geschichte der nachhaltigen Geldanlagen

Der Begriff „Nachhaltige Geldanlage" hat keine eindeutige Definition, die länderübergreifend anerkannt wäre. Es wird außerdem eine Vielzahl von synonymen Begriffen verwendet, die gebräuchlichsten davon sind in der folgenden Tabelle zusammengefasst:

Deutsche Begriffe	Englische Begriffe
Nachhaltige Kapitalanlage	Socially Responsible Investment (SRI)
Nachhaltige Investments	Triple Bottom Line Investing
Grünes Geld	Green Money
Ethische Geldanlage	Ethical Investment
Sozial verantwortliche Geldanlage	Social Investment
Ökologisch-ethisches Investment	
Ökologische Geldanlage	

Tabelle 1: Synonyme Begriffe zu „Nachhaltige Geldanlage"[14]

Alle diese Begriffe haben eine Gemeinsamkeit: Hier übt der Anleger bewusst den Einfluss auf die Mittelverwendung. Somit wird das klassische Dreieck der Anlageentscheidung zu einem Viereck erweitert (Abbildung 2), indem neben den herkömmlichen wirtschaftlichen Anlagekriterien zusätzlich die Restriktionen bezüglich der Mittelverwendung berücksichtigt werden.[15]

---

[11] Vgl. Jonker, J., Stark, W., Tewes, S. (2011), S. 146-147
[12] Vgl. Gabriel, K. (2007), S. 32
[13] Brockhaus Enzyklopädie (2006), Band 19. S. 233
[14] Vgl. Schäfer, H., Lindenmayer, P. (2007), S. 7
[15] Vgl. Faust, M., Scholz, S. (2008), S. 140

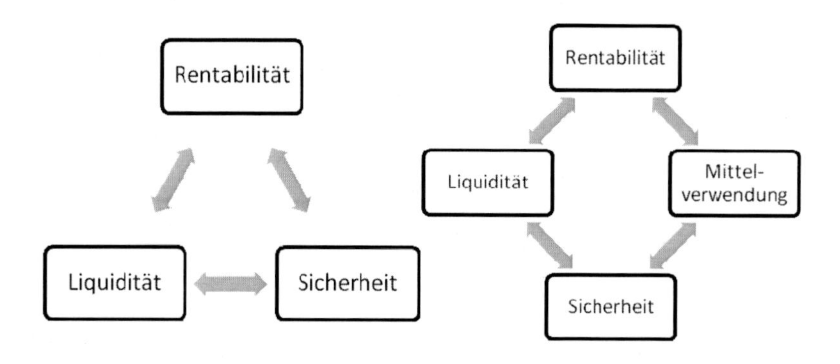

Abbildung 2: Erweiterung der Anlageentscheidung um die Mittelverwendung[16]

Die Kriterienauswahl sowie die Begriffe widerspiegeln die historische Entwicklung der nachhaltigen Geldanlagen. Obwohl das Konzept der Nachhaltigkeit erst vor einigen Jahren ausgearbeitet wurde, sind die nachhaltigen Geldanlagen keine neue Erfindung. Die ethische Geldanlage hat ihren Ursprung in der Predigt „Vom Gebrauch des Geldes" von John Wesley, die in 1760 veröffentlicht wurde.[17] Im XVIII. Jahrhundert verzichteten die nordamerikanischen und englischen Quäker auf die Anlagen, die auf dem Sklavenhandel basierten.

In 1928 wurde der erste Ethikfonds „Pioneer Fund" aufgelegt, der Anlagen in Aktien von Unternehmen, die ihr Geld mit Tabak, Alkohol oder Glücksspiel verdient haben, ausgeschlossen hat.[18] Diese Entwicklung wurde aus der strengen religiösen Weltanschauung vorangetrieben und widerspiegelte vor allem die ethischen Grundsätze der Anleger. In Deutschland wurden in dieser Zeit die ersten kirchlichen Banken gegründet.

Die nächste Welle kam in den 60er-70er Jahren des letzen Jahrhunderts. Aus den Protestbewegungen gegen den Vietnam-Krieg wurde in 1971 der „Word Pax Fund" aufgelegt, der nur in die Unternehmen investierte, die nicht in der Waffen- und Rüstungsindustrie tätig waren. In 1974 wurde die erste europäische ethisch-ökologische Bank GLS Gemeinschaftsbank in Bochum gegründet. Mit der versiko AG entstand im Jahr 1975 die erste nachhaltige Versicherungsgesellschaft in Deutschland. Wegen Apartheid-Protesten stoppten mehrere USA-Banken die Kreditvergabe an Südafrika.[19]

[16] In Anlehnung an Pinner, W. (2003), S. 28
[17] Vgl. Schneeweiss, A. (2010), S. 118
[18] Vgl. Schneider, S. (2006), S. 120
[19] Vgl. Rothaus, S. (2009), S. 41

Als Antriebskraft diente hier das gesellschaftliche und soziale Verantwortungsbewusstsein der Anleger.

Ende der 80-er Jahre des letzten Jahrhunderts traten nach der Atomkatastrophe von Tschernobyl immer mehr die ökologischen Aspekte in den Vordergrund der nachhaltigen Geldanlage. In 1989 wurde von der BfG Bank, heute SEB AG, der erste deutsche ökologische Investmentfonds „Luxinvest Securarent“, der zurzeit „Luxinvest ÖkoRent“ heißt, aufgelegt.[20] Im gleichen Jahr legen die Unternehmensgruppe BVT und die GLS Gemeinschaftsbank eG den ersten Windkraftfonds auf.[21].

In den 90-Jahren trägt die ökologische Sichtweise dazu bei, dass immer mehr Anbieter die grünen Geldanlagen in die Anlagepalette aufnehmen. In 1992 bietet der Vermögensberater Versiko zusammen mit der Continentale Versicherung die erste fondsgebundene grüne Rentenversicherung an. In 1997 wurde der Natur-Aktien-Index ins Leben gerufen. In 1999 wird von der UBS das erste grüne Aktienzertifikat UBS-Brennstoffzellen-Zertifikat Nr. 1 angeboten. Im gleichen Jahr wurde mit dem SAM Sustainability Index Fonds der erste allgemeine Nachhaltigkeitsfonds aufgelegt.[22]

Am Anfang des XXI Jahrhunderts verschmelzen die Differenzen zwischen den ethischen, sozialen und ökologischen Anlagen. Alle diese Anlagen werden als nachhaltig oder „sustainable“ bezeichnet.

Aktuell werden die Begriffe „Nachhaltige Geldanlage“, „Ethische Geldanlage“ und „Sozial verantwortliche Geldanlage“ als Synonyme verwendet. Gemäß der Umfrage, die zwischen den Anbietern der Nachhaltigkeitsindizes durchgeführt wurde, verwenden die Akteure aus dem religiösen Umfeld öfter den Begriff „Ethische Geldanlage“, die Investoren aus dem Sozialbereich bevorzugen den Begriff „Sozial verantwortliche Geldanlage“ und die umweltorientierten Geldanleger stützen sich auf den Begriff „Nachhaltige Geldanlage“.[23]

[20] Vgl. Wikipedia.de (2012), Ethikfonds
[21] Vgl. Rothaus, S. (2009), S. 41
[22] Vgl. Rothaus, S. (2009), S. 42
[23] Vgl. Gabriel, K. (2005), S. 13-14

3 Aktuelle Anforderungen an die nachhaltigen Geldanlagen

Trotz unterschiedlicher Begrifflichkeiten besteht in der Literatur Einigkeit darüber, dass die nachhaltigen Geldanlagen außer der Erwirtschaftung den fortlaufenden Erträgen auch aus sozial-kultureller und ökologischer Hinblick die Zukunftsfähigkeit der Menschheit unterstützen.[24]

Im Rahmen eines Expertenworkshops zum Thema „Begriff und Verständnis nachhaltiger Geldanlagen", der durch die Projektgruppe Ethisch-Ökologisches Rating und das Wuppertaler Institut für Klima, Umwelt, Energie veranstaltet wurde, wurde die sogenannte „Darmstädter Definition Nachhaltiger Geldanlagen" herausgearbeitet:

„Nachhaltige Geldanlagen tragen zu einer zukunftsfähigen Entwicklung bei. Sie ermöglichen dies durch eine umfassende Analyse der Anlageobjekte. Diese Analyse berücksichtigt wirtschaftliche und soziale Leistungen, Naturverträglichkeit und gesellschaftliche Entwicklungen".[25]

Gemäß dieser Definition müssen die nachhaltigen Geldanlagen folgende ökonomische, ökologische und sozial-kulturelle Aspekte berücksichtigen:[26]

Ökonomische Aspekte:

- langfristige Produktions- und Investitionsstrategien als Gewinnbasis;
- vertretbare Relation zwischen Erträgen aus Finanzanlagen und aus realer Wertschöpfung;
- keine Gefährdung der elementaren Menschenbedürfnisse;
- keine Unterstützung der Korruption.

Ökologische Aspekte:

- Erhöhung der Ressourcenproduktivität;
- Förderung der erneuerbaren Ressourcen;
- Recycling;
- Erhalt der globalen und lokalen Ökosysteme.

---

[24] Vgl. Hoffmann, J./ Scherhorn, G./ Busch T. (2004), S. 2
[25] Busch, T., Hoffmann, J., Scherhorn G. (2004), S. 6
[26] Vgl. Busch, T., Hoffmann, J.,Scherhorn G. (2004), S. 6

Sozial-kulturelle Aspekte:

- Entwicklung der Arbeitskräfte;
- Unterstützung der sozialen Gerechtigkeit;
- Förderung des Kulturkapitals.

In der Literatur wird zwischen den nachhaltigen Geldanlagen im engeren Sinne und den nachhaltigen Geldanlagen im weiteren Sinne unterschieden. Zu den nachhaltigen Geldanlagen im weiteren Sinne gehören die Themeninvestments, die keine vollständige Anwendung aller ökologischen und sozialen Kriterien abbilden.[27] Als nachhaltige Geldanlage im engeren Sinne wird die Geldanlage, die der Darmstädter Definition entspricht, verstanden.

Der Forum Nachhaltige Geldanlagen e.V. verwendet folgende Definition: „Nachhaltige Geldanlage ist die allgemeine Bezeichnung für nachhaltiges, verantwortliches, ethisches, soziales, ökologisches Investment und alle anderen Anlageprozesse, die in ihre Finanzanalyse den Einfluss von ESG (Umwelt, Soziales und Gute Unternehmensführung)-Kriterien einbeziehen. Es beinhaltet auch eine explizite schriftlich formulierte Anlagepolitik zur Nutzung von ESG-Kriterien."[28] Somit wird die Darmstädter Definition um die Anforderungen an die effektive und effiziente Corporate Governance erweitert.

Der im englischen Sprachraum verwendete Begriff „Social Responsibility Investments" (SRI) sowie in deutschen Finanzkreisen benutzte Begriff „Nachhaltige Investments" werden als Synonyme zu dem Begriff „Nachhaltige Geldanlage" verstanden.

3.1 Marktakteure im Markt für nachhaltige Geldanlagen

Um herauszukristallisieren, welche Teilnehmer am Markt für die nachhaltigen Geldanlagen präsent sind, wird zuerst auf die Definition des Marktes zurückgegriffen. „Der relevante Markt umfasst alle für die Kauf- und Verkaufsentscheidungen bedeutsamen Austauschbeziehungen zwischen Anbietern und Nachfragern in sachlicher, räumlicher, persönlicher und zeitlicher Hinsicht." [29] Ausgehend von dieser Definition besteht der Markt für nachhaltige Geldanlagen aus:[30]

---

[27] Vgl. Arnold, J. (2011), S. 106, Faust, M., Scholz, S. (2008), S. 143
[28] Vgl. FNG Forum Nachhaltige Geldanlage e. V. (2012), S. 7
[29] Vgl. Brockhaus Enzyklopädie (2006), Band 14, S. 222
[30] Vgl. Schoenheit, I. (2005), S. 111

- Investoren, die bei ihren Anlageentscheidungen Nachhaltigkeitskriterien einbeziehen;
- Finanzinstitute bzw. Kapitalanlagegesellschaften, die Nachhaltigkeitsprodukte entwickeln, verkaufen und verwalten;
- Investmentprodukte, die die Besonderheit haben, dass das eingesammelte Kapital nur in die Unternehmen investiert wird, die den Anforderungen an das nachhaltige Wirtschaften entsprechen;
- Unternehmen als Objekte für die Kapitalanlage;
- Ratings- bzw. Researchagenturen sowie die Anbieter der Nachhaltigkeitsindizes, die den Informationsfluss zwischen den Unternehmen und Investoren unterstützen und eine Orientierungsfunktion ausführen.

Der Markt für nachhaltige Geldanlagen ist somit ein Teilmarkt des Kapitalanlagemarktes, der sich auf die spezifischen Bedürfnisse der Nachfrager orientiert und somit einen Absatzmarkt darstellt, der nicht unternehmensbezogen sondern nachfragerbezogen ist. Auf der Nachfragerseite fungieren die privaten und institutionellen Investoren. Die Finanzinstitute bzw. Kapitalanlagegesellschaften repräsentieren mit Ausnahme der nachhaltigen Direktinvestitionen die Anbieterseite. Als Produktpalette wird das breite Spektrum der nachhaltigen Anlagealternativen gesehen. Die Unternehmen werden im Regelfall als reale Objekte der Kapitalanlage einbezogen, nur im Fall der direkten Unternehmensbeteiligungen werden sie als Anbieter gesehen.[31]

3.2 Gegenwärtige Marktsituation

Der Forum der Nachhaltigen Geldanlagen e. V. veröffentlicht jährlich einen Marktbericht zu den nachhaltigen Geldanlagen in Deutschland, Österreich und der Schweiz. In 2010 betrug das Marktvolumen für nachhaltige Geldanlagen in Deutschland 57 Milliarden Euro.[32] Die Zusammensetzung der nachhaltigen Geldanlagen, die über die Finanzanbieter getätigt wurden, ist in der folgenden Abbildung dargestellt:

[31] Vgl. Arnold, J. (2011), S. 89-90, Schoenheit, I. (2005), S. 113-138
[32] Vgl. FNG e. V. (2011), S. 15

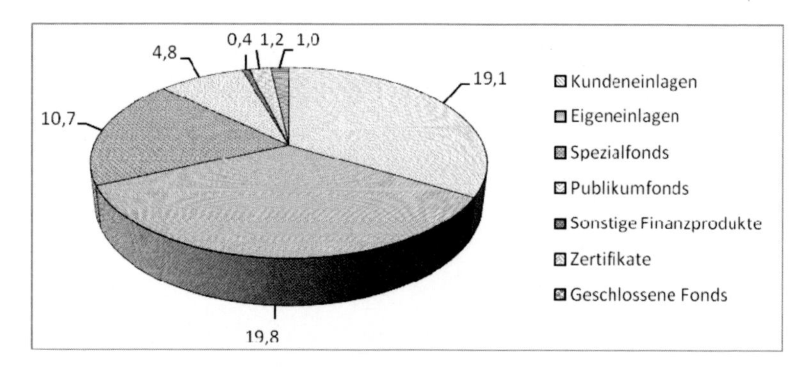

Abbildung 3: Nachhaltige Geldanlage in Deutschland in 2010 in Mrd. Euro[33]

Bei den Eigeneinlagen handelt es sich um die nachhaltigen Geldanlagen einer Entwicklungsbank. Im Jahr 2010 wurden die Bankeinlagen, Eigenanlagen, Zertifikate und die geschlossenen Fonds zum ersten Mal bei der Datenerhebung berücksichtigt.[34] Deswegen ist ein Vergleich mit Vorjahren im Gesamtbereich der nachhaltigen Kapitalanlagen nicht aussagekräftig. Außerdem sind in dieser Statistik die Daten der Direktanlagen in grüne Aktien, Anleihen und Gesellschafter- bzw. Mitunternehmeranteile nicht berücksichtigt.

Die Entwicklung der nachhaltigen Geldanlagen, die über die Investmentfonds gehalten werden, ist in der Abbildung 4 dargestellt:

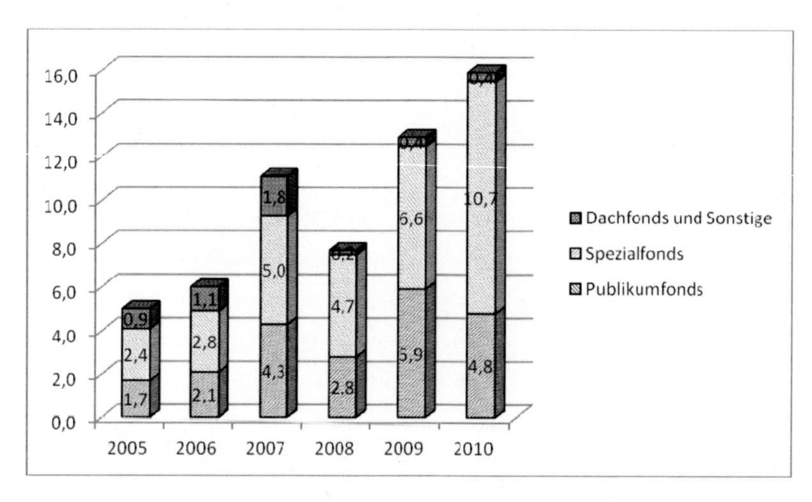

Abbildung 4: Nachhaltige Investmentfonds in Deutschland in 2010 in Mrd. Euro[35]

[33] Quelle: FNG e.V. (2011), S. 15
[34] Vgl. FNG e. V. (2011), S. 15
[35] Quelle: FNG e. V. (2011), S. 15

Die nachhaltigen Geldanlagen über die Investmentfonds betrugen im Jahr 2010 15,9 Mrd. Euro. Dies entspricht mehr als einer Verdreifachung dieses Anlagesegments seit 2005.[36] Trotz beachtlichen Zuwachsraten bleiben die nachhaltigen Geldanlagen in Deutschland ein Nischensegment. Die Gesamtvolumina der deutschen Investmentbranche lag laut den Angaben des Bundesverbandes Investment und Asset Management e. V. (BVI) im gleichen Zeitraum bei 1.830,5 Mrd. Euro.[37] Somit belief sich Anteil der nachhaltigen Anlagen bei deutschen Investmentfonds auf 0,87 %. Die Entwicklung der Gesamtanlagen und der nachhaltigen Geldanlagen der deutschen Investmentfonds ist der folgenden Tabelle zu entnehmen:

Jahr	**Gesamtanlagen, in Mrd. Euro**	**Nachhaltige Anlagen, in Mrd. Euro**	**Anteil der Nachhaltigen Anlagen, in %**
2005	1.358,2	5,0	0,37
2006	1.521,5	6,0	0,39
2007	1.698,3	11,1	0,65
2008	1.506,3	7,7	0,51
2009	1.706,1	12,9	0,76
2010	1.830,5	15,9	0,87

Tabelle 2: Entwicklung der Gesamtanlagen und der nachhaltigen Geldanlagen der deutschen Investmentfonds[38]

Positiv für nachhaltige Geldanlagen fällt der Vergleich der Zuwachsraten auf. Während die nachhaltigen Geldanlagen der deutschen Investmentfonds in 2010 im Vergleich zu 2009 um 23,26 % gewachsen sind, betrug der Anstieg der Gesamtanlagen der Investmentfondsbranche im gleichen Zeitraum 7,29 %. Ob es sich hierbei um einen vorläufigen Trend oder um eine dauerhafte Entwicklung handelt, lässt sich schwierig vorhersagen. Allerdings hat Deutschland im Vergleich zu anderen Ländern noch erhebliches Nachholpotenzial.

Die Abbildung 5 zeigt die Volumina der nachhaltigen Geldanlagen in 2009 in Europa. Anzumerken ist bei dieser Statistik, dass die Datenerfassung auf den nationalen Besonderheiten und Definitionen des Begriffs „Nachhaltige Geldanlage" basiert. Z. B. stiegen die nachhaltigen Geldanlagen in Frankreich von 87,9 Mrd. Euro in 2007 auf 1.800,57 Mrd. Euro in 2009. Dieser Anstieg steht im Zusammenhang mit der Implementierung

[36] Vgl. FNG e. V. (2011), S. 15
[37] Quelle: BVI (2012)
[38] Eigene Darstellung, Datenquelle: BVI (2012); FNG (2012), S. 15

von einem wertbasierten Negativkriterium - dem Ausschluss der Unternehmen, die Landminen und Streubomben produzieren - und einem Positivkriterium - der Verfügbarkeit der extra-finanziellen Informationen auf allen Managementebenen - bei einer Vielzahl von Investoren.[39] In Deutschland erfolgte in diesem Jahr nur die Erfassung der nachhaltigen Geldanlagen, die über die Investmentfonds gehalten wurden.[40]

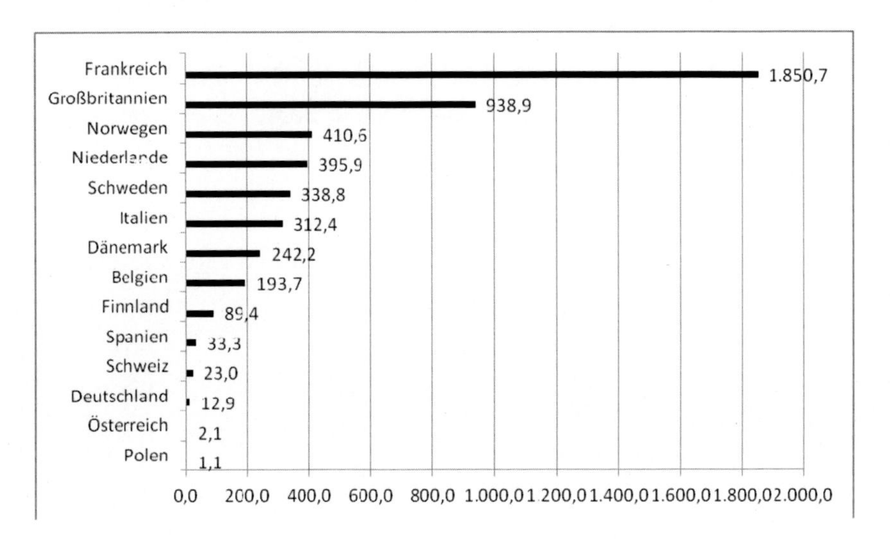

Abbildung 5: Nachhaltige Geldanlagen in Europa in 2009 in Mrd. Euro[41]

[39] Vgl. Eurosif (2010), S. 32
[40] Vgl. FNG e. V. (2011), S. 15
[41] Eigene Darstellung, Datenquelle: Eurosif (2010), S. 22-53

4 Nachhaltige Selektionsstrategien

4.1 Übersicht der Selektionsstrategien

In der Literatur unterscheidet man zwischen den aktiven und passiven Strategien zur Einbeziehung von Nachhaltigkeitsfaktoren in Portfoliomanagement. Die passiven Ansätze konzentrieren sich entweder auf den Ausschluss bestimmter Geschäftsfelder oder Praktiken oder richten sich auf die Auswahl der Besten in der jeweiligen Branche. Auch die Mischkonzepte werden angewandt.[42] In der Abbildung 6 sind die aktuellen Modelle zusammengefasst:

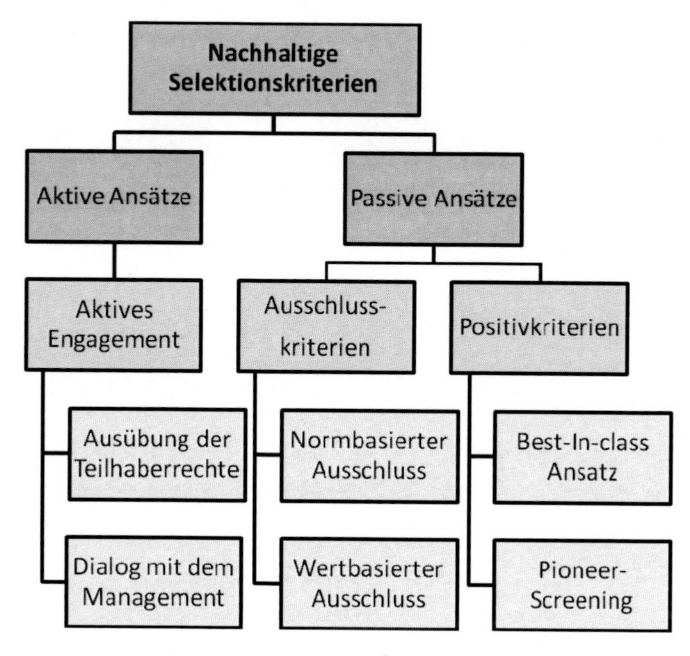

Abbildung 6: Nachhaltige Selektionskriterien[43]

Im Einzelnen werden diese Strategien in folgenden Unterkapiteln erläutert.

[42] Vgl. von Flotow, P. (2008), S. 297
[43] In Anlehnung an Gabriel, K. (2007), S. 88

4.2 Ausschlusskriterien bzw. Negativselektion

Bei Ansatz der Ausschlusskriterien wird in alle möglichen Anlagen investiert, allerdings erfolgt eine Ausgrenzung der Unternehmen oder Branchen, die festgelegte Kriterien nicht erfüllen.

Es werden zwei Ansätze von Negativselektion unterschieden[44]:

1) negative Selektion auf Basis von Normen;
2) negative Selektion auf Basis eher subjektiven moralischen Präferenzen.

Bei Negativselektion auf Basis von Normen werden zuerst die übergeordneten Prinzipien aus z. B. den OECD-Leitlinien für multinationale Unternehmen oder dem Global Compact der Vereinten Nationen herausgearbeitet. Weiterhin werden bestimmte soziale und ökologische Normen oder Corporate-Governance-Standards sowie die Menschenrechte als Mindeststandard herauskristallisiert und die Unternehmen, deren Tätigkeit diesen Normen nicht entspricht, aus dem Anlagespektrum ausgeschlossen.[45] Nach der normenbasierten Negativselektion werden nicht nur Unternehmen, sondern auch Staaten, die gegen internationale Normen und Standards verstoßen, aus dem Anlagenspektrum ausgeschlossen.

Das wertbasierte Negativ-Screening ist die älteste Form der Selektion der nachhaltigen Geldanlagen. Dabei werden bestimmte Geschäftsfelder in Abhängigkeit von subjektiven Präferenzen der Investoren ausgeschlossen. Z. B. ökologisch orientierte Anleger verlangen den Ausschluss der Investitionen in Kernenergie sowie in Gentechnologie. Die Anleger, die vor allem die ethischen Ansätze in den Vordergrund stellen, schließen die Investments in die Unternehmen aus, die z. B. Alkohol, Tabak, Waffen produzieren oder Kinderarbeit und Tierversuche praktizieren. Weiterhin werden von diesen Investoren Branchen, die Glücksspiel, Pornografie und Prostitution unterstützen, gemieden. Die sozialorientierten Investoren achten insbesondere auf Einhaltung der Corporate-Governance-Richtlinien, Einhaltung der Arbeitnehmerrechte und freiwilliges soziales Engagement der Unternehmen.[46]

[44] Vgl. von Flotow, P. (2008), S. 297
[45] Vgl. von Flotow, P. (2008), S. 297
[46] Vgl. Faust, M., Scholz, S. (2008), S. 150

Beispiele für normbasierte und wertbasierte Ausschlusskriterien sind in der Tabelle 3 dargestellt:	**Umwelt**	**Soziales**	**Governance**
Wertbasierte Ausschlusskriterien sind solche, die auf einer Entscheidung aufgrund der eigenen Werte basiert	Kernenergie Chlor- und Agrochemie Genmanipulation Biozide Kontroverses Umweltverhalten	Rüstungsgüter Pornografie Alkohol Tabak Glücksspiel Tierversuche Ausbeuterische Kinderarbeit	Systematische Lobbyarbeit gegenüber öffentlichen Institutionen mit dem Ziel CSR-Standards abzusenken Wiederholte/systematische Korruption
Normbasierte Ausschlusskriterien sind Ausschlüsse von Unternehmen und Staaten, die gegen internationale Normen und Standards verstoßen	Verstöße gegen Artenschutzabkommen Nichtratifizierung des Kyoto-Protokolls Verstoß gegen Biodiversitätskonvention Nichtratifizierung des Protokolls über biologische Sicherheit Ausschluss der Popx (persistent organic pollutants) laut Stockholm-Konvention Verstöße gegen weitere Umweltabkommen	Verstöße gegen ILO-Konventionen Verstöße gegen Waffensperrverträge Verstöße gegen die Genfer Konvention Verstöße gegen die Menschenrechte Verstöße gegen die demokratischen und politischen Grundrechte (politische Teilhabe, Pressefreiheit etc.) Verstöße gegen weitere internationale Konventionen	Verstöße gegen Gesetze (z.B. Umweltrecht, Verbraucherschutzrecht, Bilanzbetrug, Equal Opportunities) Verstöße gegen Kartellrecht (bzw. missbräuchliche Ausnutzung einer marktbeherrschenden Stellung)

Tabelle 3: Beispiele der Ausschlusskriterien[47]

Hier ist anzumerken, dass der Ansatz der wertbasierten negativen Selektion auf Basis eher subjektiven moralischen Präferenzen der Darmstädter Definition des Begriffs „Nachhaltige Geldanlage“ widerspricht, da hier nicht alle drei Nachhaltigkeitskriterien

[47] Quelle: FNG e. V. (2012)

erfüllt werden sollen, sondern es genügt bereits ein Ausschlusskriterium oder eine Spezialisierung, um die Geldanlage als nachhaltig zu kennzeichnen.

Ein weiterer Kritikpunkt am Ansatz der Ausschlusskriterien besteht darin, dass in der Praxis sehr oft eine Toleranzgrenze von 5 % des Unternehmensumsatzes in die ausgeschlossenen Geschäftsfelder als zulässig festgelegt wird. Außerdem erfolgt die Beschränkung nur auf das Unternehmen und gegebenenfalls seine Tochtergesellschaften. Die Lieferantenkette wird nicht überprüft.[48]

4.3 Positivkriterien

Bei der Verwendung der Positivkriterien zur Unterstützung der nachhaltigen Investmentstrategie werden die Kriterien definiert, die von Unternehmen zu erfüllen sind, um in die Auswahl aufgenommen zu werden. Als Grundlage für die Ausarbeitung der Kriterien dienen die Nachhaltigkeitsratings, die im Wesentlichen die CRS-Unternehmenspolitik, Managementabläufe, Umweltorientierung, einzelne Produkte und Dienstleistungen, Arbeitnehmerrechte sowie den Stakeholderansatz bewerten.[49] Positive Anlagekriterien sind z. B. Grundsätze vorsichtiger Unternehmensführung, Berichterstattung zu ökologischen Aspekten der Geschäftstätigkeit und zu sozialen Belangen der Geschäftstätigkeit.[50] Weitere Beispiele der häufig implementierten Positivkriterien sind in der nachfolgenden Tabelle aufgeführt:

ökologische Kriterien	**soziale Kriterien**
Biotechnologie/Umwelttechnologie	gesellschaftliches Engagement
Emissions- und Abfallreduktion	Gleichberechtigung
erneuerbare Energien	hohe CRS-Standards
Existenz eines Umweltmanagements	Mindeststandards bei Zulieferern
Ressourcenschonung/ -effizienz	Mitarbeitererfolgsbeteiligung
umweltfreundliche Produkte	sozialverträgliche Arbeitsbedingungen
Umweltschutz	Verhaltensrichtlinien für Unternehmen und Mitarbeiter

Tabelle 4: Übersicht über häufig implementierte Positivkriterien[51]

[48] Vgl. Faust, M., Scholz, S. (2008), S. 150
[49] Vgl. Arnold, J. (2011), S. 88, Faust, M., Scholz, S. (2008), S. 151
[50] Vgl. FNG e. V. (2012), Nachhaltige Geldanlage
[51] Quelle: Seitz, J. (2010), S. 32

Bei der Unternehmensbewertung erfolgt die Unterscheidung der Unternehmen in Nachhaltigkeits-Leader und Innovatoren bzw. Pionierunternehmen.

Die Nachhaltigkeits-Leader sind die etablierten Unternehmen mit großer Marktkapitalisierung, einer umfangreicher Produkt- bzw. Dienstleistungspalette, die global ausgerichtet sind. Diese Unternehmen werden in der Praxis mit Hilfe des Best-in-class-Ansatzes, der auch Branchenleader-Ansatz genannt wird, selektiert. Dabei wird für jede Branche eine Gewichtung der Beurteilungskriterien ausgearbeitet. Die Unternehmen werden aus Sicht der Nachhaltigkeitsperformance mit den anderen Unternehmen der jeweiligen Branche verglichen und in eine Reihenfolge gebracht. Dann werden die besten 5 % bis 10 % der Unternehmen in die Anlageportfolio aufgenommen. In einigen Fällen orientiert sich der Best-in-class-Ansatz auf die Gruppe der Unternehmen, die z. B. in einem Nachhaltigkeitsindex notiert sind.[52]

Der Best-in-class Ansatz kann die gesamtwirtschaftliche Entwicklung beeinflussen, da das Verfahren die Transparenz für die Anleger ermöglicht und somit den positiven Wettbewerb stimuliert. Allerdings werden hier auch Branchen berücksichtigt, die nicht einem ethisch-nachhaltigen Bild entsprechen.[53]

Die Pionierunternehmen sind eher mittelständig, haben hohes Wachstumspotential und spezialisieren sich auf Produkte und Dienstleistungen, die hohen ökologischen, sozialen bzw. gesellschaftlichen Wert haben. Hier werden nur bestimmte Nachhaltigkeitskriterien herauskristallisiert, die für einen Investor von großer Bedeutung sind und die Unternehmen werden entsprechend der Übereinstimmung mit den vorgegebenen Kriterien in die Selektion aufgenommen.

In der Praxis werden oft die Themenfonds oder Themeninvestments, die sich auf eine Branche bzw. einen Sektor beziehen und die gezielt auf die meistens ökologischen Wirkungen bezogen sind, aufgelegt.[54] Die Lieblingsbranchen für Themenfonds sind Grüne Immobilien, Energieeffizienz, erneuerbare Energien und nachhaltige Rohstoffe, Mikrofinanzierung, Investitionen in soziale Projekte.[55]

---

[52] Vgl. Arnold, J. (2011), S. 88, Faust, M., Scholz, S. (2008), S. 151
[53] Vgl. Pinner, W. (2003), S. 158
[54] Vgl. Arnold, J. (2011), S. 88, Faust, M., Scholz, S. (2008), S. 151
[55] Vgl. FNG e. V. (2012), Nachhaltige Geldanlage

4.4 Engagement-Ansatz

Die Aktivitäten bei dem Engagement-Ansatz konzentrieren sich auf die einzelnen Unternehmen. Der aktive Engagement-Ansatz bedeutet, dass der Investor aktiv seine Teilhaberrechte an einem Unternehmen mit dem Ziel das Management zu mehr Nachhaltigkeit zu bewegen ausübt. Z. B. können auf der Hauptversammlung die Gegenanträge zu den Tagesordnungspunkten gestellt werden. Die Anbieter der nachhaltigen Investmentfonds und andere Großinvestoren stehen auch oft im permanenten kritischen Dialog mit der Unternehmensführung mit dem Ziel, die Nachhaltigkeitsanforderungen der Anleger durchzusetzen.[56] Man unterscheidet zwischen einem proaktiven (Erläuterung der Änderungswünsche), reaktiven (Erarbeitung der Lösungsstrategien in Krisen) und allgemeinen kontinuierlichen Dialog über ökologische, soziale und ökonomische Aspekte.[57]

Da die Stimmrechtsverteilung von der Höhe der Kapitalbeteiligung abhängig ist, wird der Engagement-Ansatz in der Praxis nur von institutionellen Großanlegern oder Anbietern der Nachhaltigkeitsfonds angewandt.[58] Dieses Konzept wird vor allem von denjenigen Investoren bzw. Fondsgesellschaften umgesetzt, die im Prinzip in alle Anlagearten investieren, die aber bewusst eine Einflussnahme auf das Voranbringen bestimmter Themen, z.B. erneuerbare Energien oder Einhaltung bestimmter sozialer Normen, z. B. Corporate-Governance-Standards, ausüben wollen.[59]

Aber auch Kleinaktionäre können sich zu Initiativgruppen zusammenschließen und durch aktive Kampagnen sowie Aktionärs-Resolutionen, die durch die Medien an die Öffentlichkeit und Kundschaft vorgetragen werden, die Unternehmensführung beeinflussen.[60]

Somit ermöglicht der aktive Engagement-Ansatz den direkten und wirksamen Einfluss auf die Unternehmen, ist aber mit einem sehr hohen Aufwand verbunden.

---

[56] Vgl. Arnold, J. (2011), S. 87
[57] Vgl. Eurosif (2004), S. 24, Seitz, J. (2010), S. 33
[58] Vgl. Faust, M., Scholz, S. (2008), S. 149
[59] Vgl. von Flotow, P. (2008), S. 299
[60] Vgl. Seitz, J. (2010), S. 33

4.5 Anwendung durch deutsche Vermögensverwalter

Viele deutsche Vermögensverwalter, die sich auf nachhaltigen Geldanlagen spezialisieren, verwenden nicht nur eine, sondern mehrere Selektionsstrategien bei ihren Anlageentscheidungen. In der Praxis werden oft die Mischformen zwischen den Positiv- und Negativkriterien verwendet. Eine der verbreitetesten Mischformen, die von deutschen Vermögensverwaltern angewandt wird, ist der Best-of-class-Ansatz. Hierbei wird zuerst das Anlageuniversum durch die Negativkriterien beschränkt. Danach werden auf die verbleibenden Unternehmen die Positivkriterien angewandt. Somit beschränkt sich das Anlageuniversum nur auf die nachhaltigen Branchen und deren beste Unternehmen.[61]
Die Zusammenfassung der Anwendung der einzelnen Selektionsstrategien durch deutsche Vermögensverwalter ist in der Abbildung 7 dargestellt:

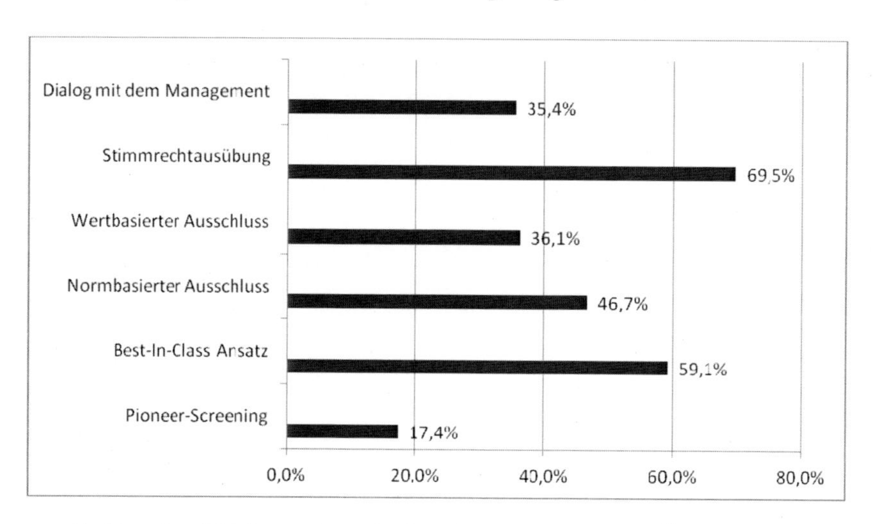

Abbildung 7: Selektionsstrategien der deutschen Vermögensverwalter[62]

[61] Vgl. Pinner, W. (2003), S. 159
[62] In Anlehnung an FNG e. V. (2011), S. 17

5 Investoren in die nachhaltigen Geldanlagen

Die erste Gruppe der Teilnehmer am Markt für die nachhaltigen Geldanlagen, die in dieser Studie analysiert wird, sind die Investoren. Bei Analyse der Investoren in die nachhaltige Geldanlage unterscheidet man auch, wie bei herkömmlichen Anlagen, zwischen privaten und institutionellen Anlegern. Während die Privatanleger zu 99 % in die Publikumsfonds investieren, legen die institutionellen Anleger ihr Geld überwiegend in die Spezialfonds an. Lediglich 14 % der institutionellen Anleger investieren in die Publikumsfonds.[63]

Die Übersicht der charakteristischen Merkmale dieser Investorengruppen ist in folgender Tabelle dargestellt:

	Privatanleger	**Institutionelle Anleger**
Allgemeine Kriterien		
Anlagevolumen	niedrig	hoch
Orientierung an kurzfristiger Performance	eher niedrig	eher hoch
Informationszugang	eher schlecht	gut
Informationsverarbeitung	weniger professionell	professionell
Zeithorizont des Investments	meist langfristig	unterschiedlich
Bezüglich nachhaltiger Geldanlage		
Informationsgrad	meist niedrig	gut
Druck von Stakeholdern/Gesetzen	keiner	unterschiedlich
bevorzugte Fonds	Themenfonds mit klarem Fokus	Nachhaltigkeitsfonds ohne speziellen Fokus
positive emotionale Grundhaltung zum Thema	unterschiedlich	niedrig
Anstieg in Bekanntheit und Interesse	hoch	hoch

Tabelle 5: Charakteristika privater und institutioneller Investoren[64]

Der Markt für die nachhaltigen Geldanlagen wird von den institutionellen Investoren dominiert. Die Investorenstruktur im Zeitraum vom 2005 bis 2010 in Prozent bezogen auf die Gesamtanlage wird in der nachfolgenden Abbildung dargestellt:

[63] Vgl. FNG e. V. (2011), S. 19
[64] Vgl. Rothenbücher, M. (2011), S 31

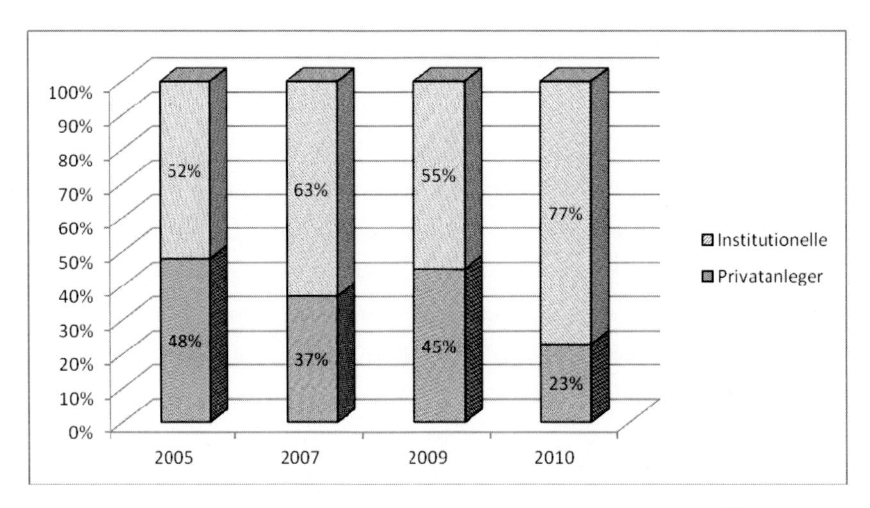

Abbildung 8: Struktur der Investoren in nachhaltige Geldanlage in 2005-2010[65]

Der größte Anteil der institutionellen Anleger kommt auf die kirchlichen Institutionen und Wohlfahrtsorganisationen. Danach folgen die Stiftungen und Nichtregierungsorganisationen (NGOs). Als Motive für Investitionen in die nachhaltigen Geldanlagen nennen laut einer Umfrage des European Sustainable and Responsible Investment Forum die Institutionellen folgenden Faktoren:[66]

- Imageaufbau als verantwortlicher Kapitaleigentümer;
- Handlungsdruck durch Mitglieder;
- politischer Druck;
- Integration von ESG-Risiken als Teil der treuhänderischen Verantwortung;
- Implementierung UN-Prinzipien für verantwortliches Investieren.

Die Abbildung 9 zeigt die Struktur der institutionellen Anleger in Deutschland in Prozent bezogen auf die Gesamtanlage in 2010:

[65] Eigene Darstellung, Datenquelle:. FNG e.V. (2006), S. 7, FNG e. V. (2008), S. 16, FNG e. V. (2011), S. 19

[66] Vgl. Hörter, S., Krimm, T., Menzinger, B., Zagst, R. (2011), S. 35

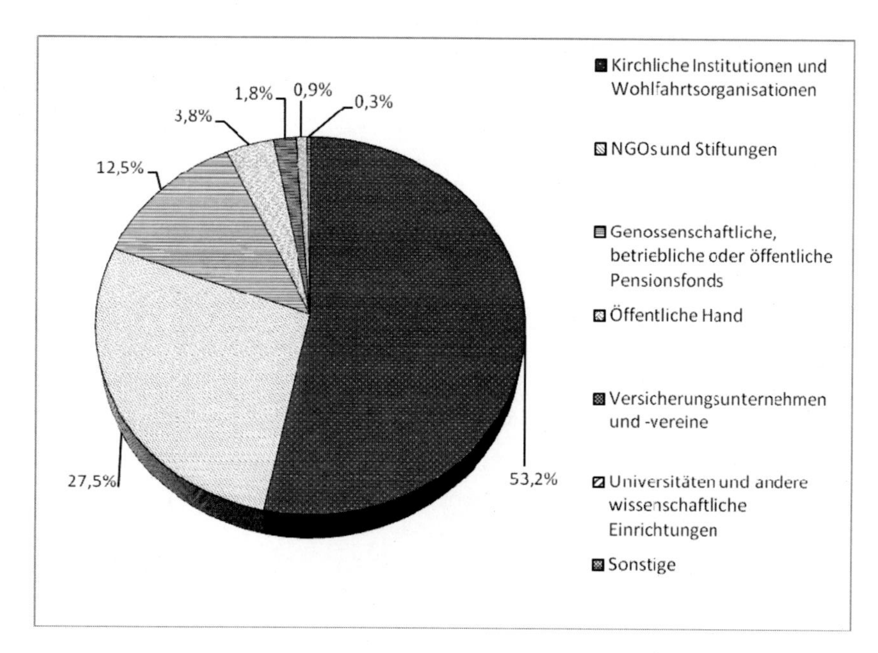

Abbildung 9: Struktur der deutschen institutionellen Investoren in 2010[67]

Bezüglich der Privatkunden ist anzumerken, dass lediglich 0,2 % der Privatkunden, die in Deutschland in die nachhaltigen Geldanlagen investieren, auf Personen mit einem Vermögen von mehr als einer Million US-Dollar (High Net Worth Individuals) entfallen.[68]

Als Zielgruppe der nachhaltigen Geldanlagen werden unter den Privatinvestoren die sogenannten LOHAS und LOVOS betrachtet. LOHAS ist eine Abkürzung für „Lifestyle of Health and Sustainability" und bezeichnet die Personen, deren Lebensstil besonders auf Gesundheit und Nachhaltigkeit ausgerichtet ist. Ziele des LOHAS sind gesundes Leben, die persönliche Weiterentwicklung, Selbstverwirklichung, aktives Engagement für den Umweltschutz und soziale Gerechtigkeit. Diese Menschen verfolgen die Idee des ethischen Konsums, der außer den Preis und die Qualität die nachhaltigen Komponenten beinhaltet. Der LOHAS-Lebensstil beschränkt sich nicht nur auf Konsum, sondern auch auf andere Lebensbereiche, wie Politik (Partizipation statt Repräsentation), Religion (Spiritualität statt Glauben) oder alternative medizinische Versorgung und Gesundheitsvorsorge, die nicht nur auf den Körper sondern auch auf das psycho-emotionale Wohlbefinden ausgerichtet ist. Die Vorreiter der Bewegung

[67] Vgl. FNG e. V. (2011), S. 19
[68] Vgl. FNG e.V. (2011), S. 15 und S. 19

gehören überwiegend der akademischen Elite an, aber auch die anderen sozialen Schichten zeigen immer mehr Interesse an diesem Trend.[69] Das Selbstverwirklichungsprinzip der LOHAS begrenzt sich nicht nur auf Definition und Erleben der eigenen Werte, sondern ist auch mit gesteigertem Verantwortungsgefühl für Familie, Freunde, Wohnort, Gesellschaft und Umwelt verbunden.[70]

Neben der LOHAS-Bewegung entstand auch die sogenannte LOVOS-Bewegung. LOVOS steht für „Lifestyle of Voluntary Simplicicty" und bezeichnet die Menschen, die bewusst auf den Konsum verzichten und sich dem einfachen Leben hinwenden. Die Vertreter der LOVOS orientieren sich bei dem Konsum in erster Linie auf Notwendigkeit und verzichten bewusst auf die Käufe, die aus der Begierde resultieren. LOVOS sind keine homogene Gruppe und deren Konsumverhalten beruht auf den individuellen Ausprägungen von kritischen „Normalverbrauchern" bis zu „Total-Aussteiger".[71]

Für die Anbieter der nachhaltigen Geldanlagen sind insbesondere die LOVOS interessant, da durch den bewussten und eingeschränkten Konsum freie Finanzmittel entstehen, die diese Menschen im Einklang mit ihren Werten und Idealen anlegen wollen. Da diese Gruppe sehr klein ist, bemühen sich die Anbieter der nachhaltigen Geldanlagen die Aufmerksamkeit der LOHAS auf ihre Angebotspalette zu ziehen.[72]

---

[69] Vgl. Kirig. A., Rauch, C., Wenzel. E. (2007), S. 16 und S. 28-33
[70] Vgl. Kirig, A., Wenzel E. (2009), S. 26
[71] Vgl. wikipedia.de (2012), Einfaches Leben
[72] Vgl. Nachhaltiges-investment.com (2012)

6 Anlageprodukte und Finanzintermediäre

6.1 Übersicht der Anlageprodukte

Analog zu den klassischen Anlageformen wird auch im Bereich der nachhaltigen Geldanlagen zwischen den direkten und indirekten Anlageformen unterschieden. „Direktanlagen sind dadurch gekennzeichnet, dass Anleger direkt in das entsprechende Unternehmen bzw. Anlageobjekt investiert.“[73] Hier nimmt der Anleger die Titelauswahl und das Portfoliomanagement selbst in die Hand. Bei indirekten Anlagen wird ein externes Management eingeschaltet, das einzelne Anlageentscheidungen trifft.[74] In der Abbildung 10 sind die wichtigsten Anlagemöglichkeiten dargestellt.

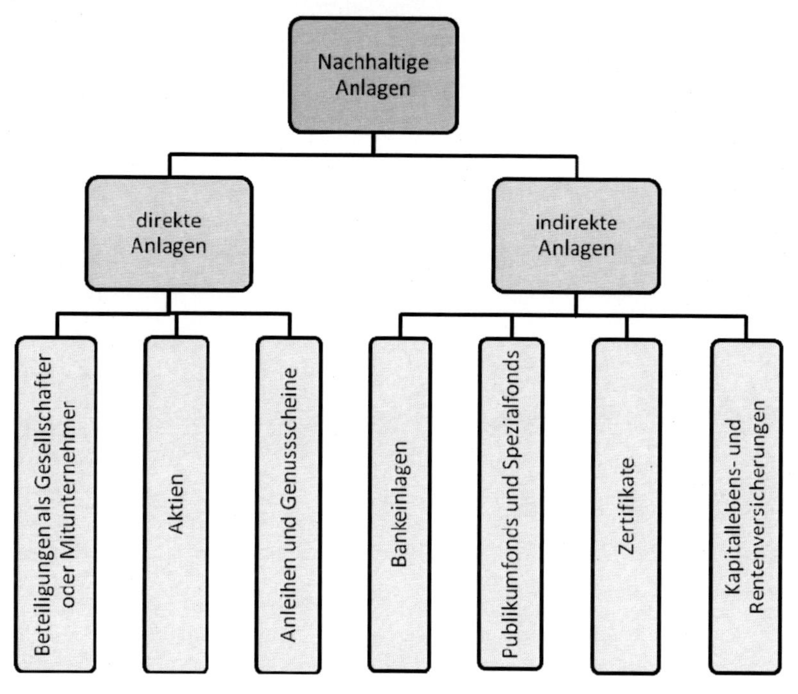

Abbildung 10: Die wichtigsten nachhaltigen Anlageformen[75]

In einigen Literaturquellen werden auch weitere Formen der Anlageprodukte den nachhaltigen Geldanlagen zugeordnet, z. B. Montage einer Photovoltaikanlage auf das eigene Dach, Direktvergabe von Mikrofinanzkrediten, Kauf von nachhaltigen

[73] Faust, M., Scholz, S. (2008), S. 143
[74] Vgl. Arnold, J. (2011), S 105
[75] Eigene Darstellung

Immobilien oder Beteiligungen an nachhaltigen Hedgefonds. Da deren nachhaltige Wirkung noch umstritten ist oder diese Anlageformen ein Randsegment der nachhaltigen Geldanlage darstellen, werden solche Anlageprodukte in dieser Studie außer Acht gelassen.

6.2 Direktbeteiligungen als Gesellschafter oder Mitunternehmer

Eine direkte Form der nachhaltigen Geldanlage ist die Anlage als Gesellschafter in Unternehmen, die nachhaltige Projekte realisieren. Meistens erfolgt in dieser Weise die Finanzierung der regionalen Projekte im Bereich der erneuerbaren Energien, z. B. Solarkraft-, Windkraft- und Biomassenanlagen.[76] Der Anleger wird zum Mitunternehmer an einem ethisch-nachhaltigen Projekt. Oft werden solche Projekte durch Steuerabschreibungen, hohe Einspeisevergütungen bzw. günstige Kredite staatlich gefördert, allerdings sind hier Anleger auf fundierte Informationen über das Projekt und Fachwissen angewiesen. Eine weitere Einschränkung besteht darin, dass diese Beteiligungen kaum handelbar und deswegen nur als langfristige Investitionen geeignet sind.[77]

Eine sehr verbreitete Form der nachhaltigen Direktbeteiligung ist der Kauf von Anteilen an einem nachhaltigen geschlossenen Fonds. Bei den geschlossenen Fonds handelt es sich um Beteiligungen an einer Gesellschaft, deren Zweck ist, in verschiedene Einzelprojekte zu investieren. Im Unterschied zu offenen Investmentfonds sind die Erwerber der Anteile an geschlossenen Fonds Mitunternehmer mit entsprechenden Chancen und Risiken. Eine weitere Besonderheit besteht darin, dass die Anteile nur in einem bestimmten Platzierungszeitraum gezeichnet werden können. Der Verkauf der Anteile ist in der Regel erst nach einigen Jahren möglich.[78]

Eigenkapitalinvestitionen in nachhaltige geschlossene Fonds und Beteiligungen betrugen zum 31.12.2010 ca. 986 Mio. Euro. Das Gesamtinvestitionsvolumen belief sich auf 1.174 Millionen Euro und betrug rund 17 % der Investitionen am Gesamtmarkt der geschlossenen Fonds.[79] Der Anteil der Privatbeteiligungen in geschlossenen Fonds betrug 93 %. Innerhalb dieser Gruppe belief sich der Anteil der HNWIs auf ca. 10 %.[80]

---

[76] Vgl. Faust, M., Scholz, S. (2008), S. 144
[77] Vgl. Reschke, L.-E. (2010), S. 148
[78] Vgl. Bestmann, U. (2007), S 355, Geldanlagen.de (2012), Geschlossene Fonds
[79] Vgl. FNG (2011), S. 21
[80] Vgl. FNG (2011), S. 22

Die nachfolgende Abbildung gibt die Themenallokation der deutschen geschlossenen Fonds in 2010 wieder.

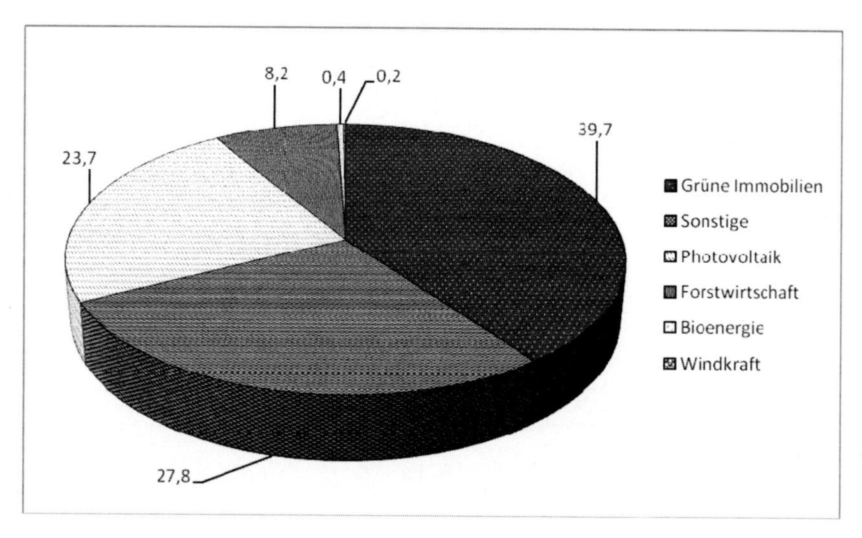

Abbildung 11: Themenallokation der geschlossenen Immobilienfonds in 2010[81]

Der kleine Anteil der Windkraftfonds ist darauf zurückzuführen, dass viele institutionelle Anleger sich direkt an Windkraftanlagen beteiligen und damit das Angebot reduzieren.[82] Weiterhin ist anzumerken, dass die Photovoltaikfonds von den Vergütungen nach dem Erneuerbaren Energien Gesetz (EEG) profitierten. Allerdings wird diese Subvention sukzessive abgebaut. Während Anfang 2008 eine Freiflächenanlage noch 35,49 ct/kWh EEG-Vergütung erhielt, lag diese Vergütung Anfang 2012 bei 17,94 ct/KWh. Es ist mit weiteren Kürzungen der Solarförderung zu rechnen.[83]

Eine weitere Form der Direktanlage besteht im Erwerb von Genossenschaftsanteilen der nachhaltigen Unternehmen. Z. B. mit dem Erwerb von einem oder mehreren Genossenschaftsanteilen zu je 250 Euro zzgl. 12,50 Euro Verwaltungspauschale pro Anteil wird man ein Genossenschaftsmitglied der fairPla.net eG in Münster. FairPla.net investiert zu 85 % in die erneuerbare Energie und Energieeffizienzprojekte in Deutschland, 15 % betragen Investitionen in benachteiligten Regionen der Entwicklungs- und Schwellenländer.[84] Weiterhin können die Investoren die Genossenschaftsanteile der ethisch-ökologischen oder kirchlichen Banken erwerben.

---

[81] Quelle: FNG (2011), S. 21
[82] Vgl. Kellermann, D. (2011), S. 149
[83] Vgl. BMU (2012)
[84] Vgl. fairPla.net eG (2012), Rothaus (2009), S. 65-67

Es gibt auch die Möglichkeit direkt in Wald zu investieren. Neben der guten Kombination aus Sicherheit und Rendite ermöglichen die Holzinvestments den Anlegern, der voranschreitenden Entwaldung entgegenzuwirken.[85] Die Investitionen in Wald werden als krisensicher betrachtet und versprechen hohe Renditen. Weiterhin wird mit immer weiter steigenden Preisen der Waldflächen gerechnet.[86] Bei den Direktinvestitionen in Wald bzw. Ackerland stellt sich aber die Frage der Bewirtschaftung, die entsprechende Fachkenntnisse erfordert. Deswegen sind diese Investitionen nicht für jeden Investor geeignet.

Als Alternative können die Investitionen in Wald mit einem eingebundenen Forstbewirtschaftungsvertrag betrachtet werden. In Deutschland bietet z. B. die Forest Finance Service GmbH aus Bonn die Waldanlagen im tropischen Nutzwald selbst für kleinere und mittlere Anlagesummen. Zurzeit werden WoodStockInvest, WaldSparBuch, Baumsparvertrag und CacaoInvest angeboten. Die ausführliche Beschreibung dieser Anlageprodukte ist im Anhang 1 zusammengestellt.

Bei den Holzinvestments ist zu beachten, dass die Renditeprognosen auf Modellrechnungen beruhen, da keiner der zurzeit angebotenen geschlossenen Fonds oder der Direktbeteiligungen in die aufzuforstende Grundstücke über die volle Laufzeit gegangen ist. Der Münchner Forstwissenschaftler Professor Thomas Knoke hält Renditen von 5 % bis 7 % für realistisch. Weiterhin ist nicht jedes Holzinvestment unbedingt ethisch-ökologisch. Bei der Aufforstung ist zu beachten, dass die Flächen nicht mit Nahrungsanbau konkurrieren und die knappen Wasserreserven an sich ziehen.[87]

Auf jeden Fall sind die Direktinvestitionen als Gesellschafter oder Mitunternehmer mit hohen Risiken verbunden und erfordern vom Investor ein fundiertes Fachwissen auf dem jeweiligen Gebiet sowie gute Kenntnisse über die Gesetzeslage. Weiterhin wird bei dieser Anlageart das Kapital langfristig gebunden. Das Liquiditätsrisiko ist sehr hoch, da z. B. die Anteile an geschlossenen Fonds kaum handelbar sind.[88]

---

[85] Vgl. Rothaus (2009), S. 63-65
[86] Vgl. Frike, A. (2011), S. 140
[87] Vgl. Fricke, A. (2010), S. 140-141, S. 143
[88] Vgl. Kellermann, D. (2011), S. 220

6.3 Direktanlagen in nachhaltige Aktien

Die Aktie ist eine der ältesten Investitionsformen, die eine Beteiligung an einem Unternehmensvermögen verbrieft und somit das Eigenkapital des Unternehmens darstellt. In Deutschland reglementiert das Aktiengesetz das Aktionärstum. Unter den deutschen Privatanlegern sind allerdings die Direktinvestitionen in Aktien wenig populär, lediglich ca. 4 Millionen Anleger halten Aktien in ihrem Depot.[89]

Falls Anleger ihr Geld in nachhaltige Aktien anlegen wollen, können sie ganz gezielt den eigenen ökologischen oder ethischen Wertvorstellungen entsprechende Werte kaufen. Sie müssen keine Kompromisse machen, wie z. B. bei Investmentfonds. Entspricht ein Unternehmen nicht den eigenen Kriterien, wird die Aktie einfach nicht gekauft. Aktienhandel birgt ein Risiko, denn sinkt bis zum Zeitpunkt des Verkaufs die Aktie eines Unternehmens oder vielleicht sogar die Werte einer ganzen Branche, verliert der Anleger Geld. Um immer am Puls der Zeit zu bleiben und zeitnah zu handeln, muss der Anleger beim Aktienhandel eine Menge Zeit investieren.

Aktien sind nicht abgesichert und haben somit ein sehr hohes Ausfallrisiko. Auch die Anleger in nachhaltige Aktien sind nicht vor dem Insolvenzrisiko geschützt. Die seit Dezember andauernde Welle der Insolvenzverfahren von deutschen Solarfirmen, unter anderem von Q-Cells, Solar Millennium und Solon zeigt, dass die Beachtung von Nachhaltigkeitskriterien nicht zur Ignoranz der ökonomischen Kennzahlen verleiten sollte. Die Firmen orientierten sich an der von der staatlichen Förderung angekurbelte Nachfrage nach Solarzellen und waren nicht auf die Konkurrenz aus asiatischen Ländern vorbereitet.[90]

Für die Vorauswahl der eigenen Aktienportfolios sind die Anleger auf die Informationen der externen Dienstleister, wie Ratingagenturen, Anbieter der Nachhaltigkeitsindizes, entsprechende Internetportale und Verbrauchertestorganisationen angewiesen. Eine andere Variante ist, die Nachhaltigkeitsberichte der Unternehmen zu analysieren und in die Unternehmen zu investieren, die bei der Unternehmensführung auf die CSR-Kriterien achten. Oder der Anleger konzentriert sich auf die in den Nachhaltigkeitsindizes aufgelisteten Unternehmen.

[89] Vgl. Pelikan, E. (2010), S. 59-60
[90] Vgl. Schulz, S. (2012)

Mehrere deutsche Internetportale bieten eine Auswahl an nachhaltigen Aktien. Die Zusammensetzung ist sehr unterschiedlich. Z. B. präsentiert die UmweltBank AG Aktien der deutschen Unternehmen, die überwiegend den Branchen der erneuerbaren Energien angehören (Anhang 2). Das Internetportal ECOreporter.de gibt einen Überblick über das internationale Aktienmarkt der erneuerbare Energien und Dienstleister rund um die nachhaltige Geldanlage[91].

Ganz anders sieht die Auflistung der nachhaltigen Aktien auf dem Internetportal Nachhaltiges-Investment.org aus, das vom Sustainable Business Institut betreut wird. Hier werden die Unternehmen aufgelistet, die in einen Nachhaltigkeitsindex oder Nachhaltigkeitsfonds aufgenommen sind. Der von den meisten Indexprovidern und Fonds angewandte Best-in-Class-Ansatz ermöglicht auch Chemiekonzernen, wie Bayer AG oder dem Versorger RWE, ihre Aktien als nachhaltig zu präsentieren. Die komplette Liste der deutschen nachhaltigen Aktien, die auf diesem Internetportal aufgeführt sind, ist im Anhang 3 dargestellt.[92]

6.4 Direktanlagen in nachhaltige Anleihen und Genussscheine

Falls der Investor an einem laufenden Ertrag aus den nachhaltigen Geldanlagen interessiert ist, besteht die Möglichkeit Geld in nachhaltige Anleihen oder Genussrechte zu investieren.

Anleihen sind verzinsliche Schuldverschreibungen mit vertraglicher Laufzeit und fixierter Tilgung, die ein Gläubigerrecht verbriefen.[93] Die Anleihen gehören zum Fremdkapital und sind sicherer als Aktien, da sie vorrangig bedingt werden. Die Anleihen werden von Staaten und deren Gebietskörperschaften, supranationalen Einrichtungen, Kreditinstituten und Unternehmen emittiert.

Im Unterschied zu den Anleihen wird die Ausgabe der Genussscheine nicht gesetzlich geregelt. Der Genussschein verbrieft Vermögensrechte an einem Unternehmen und gehört zum Mezzanine-Kapital. Da fast alle Genussscheine nachrangig sind, sollten die Investoren vor der Anlageentscheidung die vertraglichen Bedingungen prüfen.[94]

Bei der Bewertung der Nachhaltigkeit der Staatsanleihen oder Bankanleihen sind Investoren in der Regel auf die Unterstützung der Ratings- und Researchagenturen

[91] Vgl. ECOreporter.de (2012), Aktien
[92] Vgl. Nachhaltiges-Investment.org (2012), Aktiendatenbank
[93] Vgl. Amely, T. (2004), S. 17
[94] Vgl. Bestmann, U. (2007), S. 350-351

angewiesen. Die imug Beratungsgesellschaft für sozial-ökologische Innovationen mbH bewertet z. B. 68 Länder mit Hilfe von 50 Indikatoren. Aktuell sind Staatsanleihen von folgenden Emittenten bewertet: Ägypten, Argentinien, Australien, Belgien, Bosnien, Brasilien, Bulgarien, Chile, China, Dänemark, Deutschland, Dominikanische Republik, Ecuador, Estland, Finnland, Frankreich, Griechenland, Großbritannien, Hong Kong SAR, Indien, Indonesien, Irland, Island, Israel, Italien, Japan, Kanada, Katar, Kolumbien, Kroatien, Kuwait, Lettland, Litauen, Luxemburg, Malaysia, Malta, Marokko, Mexiko, Neuseeland, Niederlande, Norwegen, Österreich, Pakistan, Panama, Peru, Philippinen, Polen, Portugal, Rumänien, Russland, Schweden, Schweiz, Singapur, Slowenien, Spanien, Südafrika, Südkorea, Taiwan, Thailand, Tschechische Republik, Türkei, Tunesien, Ungarn, USA, Venezuela, Vietnam, Zypern.[95]

Die UmweltBank AG bietet eine Reihe von Anleihen und Genussscheine der deutschen Unternehmen aus dem Sektor Erneuerbare Energien an. Die zurzeit angebotenen Wertpapiere sind im Anhang 4 aufgeführt. Weitere Anbieter von Genussrechten aus dem Sektor Erneuerbare Energien sind unter anderen Prokon Capital GmbH, GLS Bank eG, Umweltfinanz AG, WSB Neuen Energien GmbH und Planet energy GmbH.[96]

6.5 Bankeinlagen der ethisch-ökologischen Banken und Kirchenbanken

Zu den klassischen Bankeinlagen gehören Girokonten, Termingeldkonto, Festgeldkonto sowie unterschiedliche Arten von Sparkonten und Sparplänen. Die Bankeinlagen der deutschen Banken sind durch umfassende Einlagensicherungssysteme geschützt und gelten deshalb als besonders risikoarm.

Die nachhaltigen Bankeinlagen werden in Deutschland von einigen Kreditinstituten angeboten, deren Geschäftstätigkeit auf ethischen oder ökologischen Kriterien basiert. Alle nachhaltigen Banken in Deutschland sind im Vergleich zu den herkömmlichen Banken klein und gehören zu der Nischenanbietern.

Der wesentliche Unterschied zwischen den ethisch-ökologischen Banken und herkömmlichen Banken sind die zusätzlichen Anforderungen, die sie sich im Bezug auf ihre Geschäftstätigkeit auflegen:[97]

[95] Vgl. imug.de (2012)
[96] Vgl. Die-klimaschutz-baustelle.de (2012)
[97] Vgl. Fricke (2011), S. 15 und S. 18

1) Kreditvergabe nach strengen Kriterien, z. B. Ausschluss von Unternehmen, die Geschäftsfelder in Kernenergie, Rüstung, Gentechnik in Landwirtschaft haben;
2) Ausschluss der Anleihen von Ländern, deren Regierung z. B. Rechte von Frauen missachtet, korrupt ist oder gegen internationale Abkommen verstößt;
3) Bevorzugung des effizienten Bauens, erneuerbaren Energien, ökologischer Landwirtschaft oder sozialen Projekten, z. B. Investitionen in betreute Seniorenanlagen, bei der Kreditvergabe;
4) Ausschluss der Spekulationen mit Kreditversicherungen sowie Wetten auf die Entwicklung der Preise von Grundnahrungsmitteln und Rohstoffen;
5) höhere Transparenz, z. B. in Form von Veröffentlichung der Zusammensetzung des Kreditportfolios.

Andererseits gibt es auch deutliche Unterschiede in der Philosophie und Unternehmenspolitik dieser Banken. Die GLS Bank hat einen anthroposophischen Hintergrund. Die Ethik Bank ist auf ethisch-ökologische Kriterien ausgerichtet. Die Umweltbank AG und die Triodos Bank N.V. Deutschland orientieren sich auf die ökologischen Anlagen. Die Geschäftstätigkeit der Steyler Bank und der Bank für Orden und Mission/vr bank Untertaunus eG orientiert sich ausschließlich an christlichen Werten.[98] Im Bezug auf die Auswahlkriterien und Gründerphilosophie kann man die nachhaltigen Banken in zwei Gruppen zusammenfassen: allgemeine ethisch-ökologische Banken und kirchliche Banken, deren Geschäftstätigkeit auf bestimmten Religionswerten basiert.

Die GLS Gemeinschaftsbank eG und die EthikBank, die eine Zweigniederlassung der Volksbank Eisenberg eG ist, haben ein umfassendes Angebot an Finanzdienstleistungen und unterscheiden sich in dieser Hinsicht wenig von den herkömmlichen Banken. Die Kundeneinlagen sind unbegrenzt durch die Sicherungseinrichtung des Bundesverbandes der Deutschen Volksbanken und Raiffeisenbanken (BVR) abgesichert. Weiterhin bietet die EthikBank zu allen Anlageprodukten eine Fördervariante, wobei 0,25 % der Zinsen zugunsten eines Förderprojekts der EthikBank gespendet wird.[99]

Die UmweltBank AG bietet kein Girokonto und kein Festgeldkonto. Die Triodos Bank N.V. Deutschland bietet das Girokonto nur für die Geschäftskunden und hat lediglich Tagesgeldkonto, Festgeldkonto und Sparplan im Angebot. Die Anlagen sind bis zu 100 TEUR durch die gesetzliche Einlagensicherung abgesichert.[100]

[98] Vgl. Rotthaus, S. (2009), S. 88-89
[99] Vgl. EthikBank.de, GLS.de (2012)
[100] Vgl. Triodos.de (2012), UmweltBank.de (2012), Anlagekonditionen

Außer der GLS Bank, die 7 Filialen in Großstädten hat, sind die andere ethisch-ökologische Banken Direktbanken. Die Kurzportraits und die Zusammenfassung der angebotenen Bankeinlagen sind im Anhang 5 dargestellt.

Die Kirchenbanken stellen eine zweite Gruppe der nachhaltigen Banken in Deutschland, da sie ihre Geschäftstätigkeit nach ethischen Kriterien, die im Einklang mit Religionskanonen stehen, ausrichten. Im Unterschied zu allgemeinen ethisch-sozialen Banken, wird der Gewinn einiger Kirchenbanken in die Missionstätigkeit investiert. [101] Eine weitere Besonderheit besteht daran, dass einige der kirchlichen Banken ihre Leistungen nur den Kirchenangehörigen oder Kircheneinrichtungen der jeweiligen Konfession anbieten.

In Deutschland tätige Kirchenbanken sind überwiegend als Genossenschaften organisiert und sind somit Mitglieder der Sicherungseinrichtung der BVR, die eine Institutssicherung gewährleistet. Die Steyler Bank GmbH gehört dem Orden „Gesellschaft des göttlichen Wortes" und ist Mitglied des Einlagensicherungsfonds der deutschen Banken. Alle Kirchenbanken bieten ein Girokonto und Festgeldkonto. Weiterhin werden unterschiedliche Varianten der Spareinlagen angeboten.[102] Der Überblick über das Angebot einiger deutscher Kirchenbanken wird im Anhang 6 dargestellt.

In 2009 erteilte die Bundesanstalt für Finanzdienstleistungsaufsicht der Kuveyt Türk Beteiligungsbank eine eingeschränkte Banklizenz. Es war geplant, eine Filiale in Mannheim zu eröffnen, die schariakonforme Finanzprodukte anbieten sollte.[103]

---

[101] Vgl. Rotthaus (2009), S. 93-96
[102] Vgl. Finanz-depot.de (2010)
[103] Vgl. n-tv.de (2009)

6.6 Nachhaltige Publikumsfonds und Spezialfonds

Unter einem offenen Investmentfonds bzw. Publikumfonds wird ein Sondervermögen einer Investmentgesellschaft verstanden, der aus dem Geld der Anleger gebildet wird. Der Anleger hält die Anteile an dem Investmentfonds, die kurzfristig zurückgegeben werden können. Dieses Sondervermögen wird von der Investmentgesellschaft für gemeinschaftliche Rechnung der Anleger im eigenen Namen unter Berücksichtigung der Vorschriften des Investmentgesetzes angelegt.[104]

Bei Bildung des ethisch-nachhaltigen Investmentportfolio wird bei den Investmentfonds die aktive qualitätsorientierte Anlagestrategie verfolgt. Die Richtung des Entscheidungsprozesses hängt von der ausgewählten Selektionsstrategie ab. Die Investmentfonds, die nur Ausschlusskriterien verwenden, wählen die Einzeltitel meistens ausgehend vom Top-down-Ansatz. Falls positive Selektion oder positive- und negative Selektion angewandt wird, wird das Portfolio nach dem Bottom-up-Ansatz zusammengestellt.[105]

In der Literatur werden die nachhaltigen Investmentfonds zu folgenden Gruppen zusammengefasst:[106]

- Nachhaltigkeitsfonds im engeren Sinne, die bei der Portfoliobildung soziale, ökologische und ökonomische Kriterien berücksichtigen;
- ethisch-ökologische Fonds, die sich auf soziale und Umweltkriterien spezialisieren, ohne die ökonomischen Anforderungen der Nachhaltigkeit zu berücksichtigen;
- ökoeffiziente Fonds, die sich auf ökologische und ökonomische Aspekte fokussieren;
- produktspezifische Fonds, die nur eine Nachhaltigkeitsrichtung abbilden, z. B. Umwelttechnologiefonds bzw. Wasserfonds.

Auf der Internetplattform „Nachhaltiges-Investment.org", die vom Sustainable Business Institut (SBI) betreut wird, waren im Mai 2012 271 in Deutschland zugelassene aktive nachhaltige Publikumsfonds aufgelistet, die von insgesamt 109 Kapitalanlagegesellschaften angeboten wurden. Die meisten Anbieter haben ein bis zwei nachhaltige Fonds im Angebot. Zu den größten Anbietern zählen Dexia Asset Management, Belgium mit

[104] Vgl. Bestmann, U. (2007), S. 421
[105] Vgl. Pinner W. (2003), S. 34
[106] Vgl. Pinner, W. (2003), S. 171

17 Fonds, Sarasin Investmentfonds SICAV, Luxemburg mit 13 Fonds und Swisscanto Fondsleitung AG, Schweiz mit 11 in Deutschland zugelassenen Fonds. Der größte Anbieter mit Sitz in Deutschland ist die Union Investment Privatfonds GmbH mit 6 Nachhaltigkeitsfonds.[107]

Die Publikumsfonds werden als Aktienfonds, Rentenfonds, Mischfonds und Dachfonds angeboten. Mehr als die Hälfte der angebotenen Fonds werden als Aktienfonds aufgelegt. Die Übersicht über die Fondsarten und Fondstypen ist in der nachfolgenden Tabelle dargestellt:

	Nachhaltigkeits- und Ethikfonds	**Nachhaltige Themenfonds**	**Sonstige Fonds**	**Insgesamt**
Aktienfonds	99	65	1	**165**
Rentenfonds	43	0	1	**44**
Mischfonds	41	7	2	**50**
Dachfonds	12	0	0	**12**
Insgesamt	**195**	**72**	**4**	**271**

Tabelle 6: Übersicht der nachhaltigen Publikumsfonds in Deutschland[108]

In der Rubrik Nachhaltigkeits- und Ethikfonds werden Ethikfonds, ethisch- ökologische Fonds und Nachhaltigkeitsfonds im engeren Sinne zusammengefasst. Die nachhaltigen Themenfonds werden in erneuerbare Energiefonds, Klima- bzw. Umwelttechnologiefonds und Wasserfonds unterteilt. Bei sonstigen Fonds handelt es sich um einen Bildungsfonds, einen Spendenfonds, einen Gesundheitsfonds und einen Renditenfonds, die auch zu den nachhaltigen Geldanlagen zugeordnet werden.

Eine Alternative zu den nachhaltigen aktiv gemanagten Investmentfonds stellen die Exchange Traded Funds (ETFs) dar. Diese Fonds bilden den zugrunde liegenden Index nach und sind somit kostengünstiger, als die aktiv gemanagten Fonds.[109] Weiterhin haben sie ein geringeres Risiko als die Aktien und ermöglichen den Privatanlegern an dem professionellen Nachhaltigkeitsresearch zu partizipieren. Allerdings sollten die Investoren das Risiko von ETFs nicht unterschätzen, da einige Anbieter die zugrundeliegenden Indizes durch die synthetische Replikation mit Hilfe von Swaps abbilden.[110]

[107] Vgl. Nachhaltiges-Investment.org (2012), Fondsdatenbank
[108] Eigene Darstellung, Datenquelle: Nachhaltige-Investments.org (2012), Fondsdatenbank
[109] Vgl. Rothaus, S. (2009), S. 62-63
[110] Vgl. Schneider, S. (Hrsg.) (2011), S. 17

Im Mai 2012 wurden 26 zugelassene nachhaltige ETFs auf dem Internetportal der SBI gelistet. Davon wurden jeweils 10 ETFs als Nachhaltigkeits- und Ethikfonds und als nachhaltige Themenfonds aufgelegt; 4 ETFs gehören zu den von der Deutschen Bank aufgelegten schariakonformen Fonds und 2 ETFs beziehen sich auf die nachhaltigen Staatsanleihen.[111]

Das Nachhaltigkeitsplattform der Börse Frankfurt stellt 206 nachhaltige Publikumsfonds und ETFs vor, davon sind 58 ohne Ausgabenzuschlag und fortlaufend gehandelt.[112] Liste der Anbieter der nachhaltigen Publikumsfonds und ETFs, die auf der Internetplattform „Nachhaltiges-Investment.org" präsentiert sind, ist im Anhang 7 dargestellt.

Der Spezialfonds ist ein Investmentfonds, der im Gegensatz zu einem Publikumsfonds nur einem begrenzten Kreis der Anleger, in der Regel institutionellen Investoren, angeboten wird.[113] Die nachhaltigen Spezialfonds werden in Deutschland unter anderen von Bank Sarasin AG, Deutschen Bank AG, Landesbank Baden-Württemberg und Union Investment Kapitalanlagegesellschaft mbH angeboten. Die IVG Immobilien AG hat im Jahr 2010 den ersten deutschen Immobilien-Spezialfonds für nachhaltige Gebäude im Gesamtvolumen von 300 Mio. Euro aufgelegt und voll platziert.[114]

Die wichtigsten Anlageklassen der deutschen Investmentfonds waren in 2010 die Anleihen mit 65,3 % aller Assets, gefolgt von Aktien (27,8 %) und Bankeinlagen (4,1 %). Beteiligungen an grünen Immobilien und den nachhaltigen Hedgefonds liegen unter 1 % der Gesamtanlagen. Die deutschen nachhaltigen Investmentfonds legen Geld der Anleger überwiegend in Europa (73 %) an, in Nordamerika werden 16 % der Anlagen getätigt. Der Rest wird im asiatisch-pazifischen Raum angelegt. Im Bezug auf die Bundesländer ist zu vermerken, dass 66 % der Volumina der nachhaltigen Investmentfonds im Hessen, insbesondere in Frankfurt, verwaltet werden. In Nordrhein-Westfallen werden 23 % der nachhaltigen Investmentfonds angeboten. Auf dem dritten Platz liegt Bayern mit 8 % der verwalteten nachhaltigen Assets.[115]

---

[111] Vgl. Nachhaltiges-Investment.org (2012), Fondsdatenbank
[112] Vgl. Boerse-Frankfurt.de (2012), Fonds+ETFs
[113] Vgl. Dewner, T. M., Gramlich, L., Lange, T. A., Krumnow, J. (Hrsg.) (2002), S. 1192
[114] Vgl. Fuchs, S. (2010)
[115] Vgl. FNG (2011), S. 16-17

6.7 Nachhaltige Zertifikate

Zertifikate werden den strukturierten Finanzprodukten zugeordnet und werden von Banken in Form von Schuldverschreibungen emittiert. Zertifikate werden überwiegend an Privatkunden vertrieben.[116] Im Unterschied zu den Bankeinlagen haben die Zertifikate ein hohes Emittentenrisiko, da keine Absicherung dieser Anlageform durch die Einlagesicherungssysteme besteht. Ausnahmen bilden die Sicherungseinrichtungen der BVR und des Sparkassenverbandes, die eine Institutssicherung umfassen.

Per 31.12.2010 boten 29 Emittenten die nachhaltigen Zertifikate in Deutschland an. Der größte deutsche Anbieter der nachhaltigen Zertifikate ist die DZ-Bank AG, die zu diesem Stichtag 23 nachhaltige Zertifikate im Angebot hatte. 52 nachhaltige Zertifikate werden von österreichischen Volksbanken und 21 Produkte von ABN Amro/RBS angeboten.[117]

Insgesamt wurden per 31.12.2010 256 nachhaltige Zertifikate, deren Emissionsvolumen auf 7,17 Mrd. Euro geschätzt wird, zum Vertrieb in Deutschland zugelassen. Der größte Anteil der zugelassenen Nachhaltigkeitszertifikate entfällt auf die Zertifikate, die einen allgemeinen Nachhaltigkeitsansatz abbilden. Die deutschen Anbieter emittierten Zertifikate im Volumen von 1,17 Mrd. Euro.[118] Das Gesamtvolumen der in Deutschland emittierten Zertifikate belief sich im 2010 auf 95,84 Mrd. Euro, somit betrug der Anteil der nachhaltigen Zertifikate in 2010 1,22 % des Gesamtemissionsvolumens.[119]

Der größte Teil der nachhaltigen Zertifikate wird als Index- bzw. Partizipationszertifikate angeboten (3,89 Mrd. Euro). Weiterhin werden die Kapitalschutz-Zertifikate, Express-Zertifikate und Bonuszertifikate angeboten.[120]

Die Aufteilung des Zertifikatsmarkts in Abhängigkeit vom Anlagethema ist in der nachfolgenden Abbildung dargestellt.

---

[116] Vgl. Pelikan. E. (Hrsg.) (2010), S. 89
[117] Vgl. Schneider, S. (2011), S. 12
[118] Vgl. Schneider, S. (Hrsg.) (2011), S. 13
[119] Vgl. Deutscher Derivaten Verband (2010), S. 4
[120] Vgl. Schneider S. (Hrsg.) (2011), S. 13

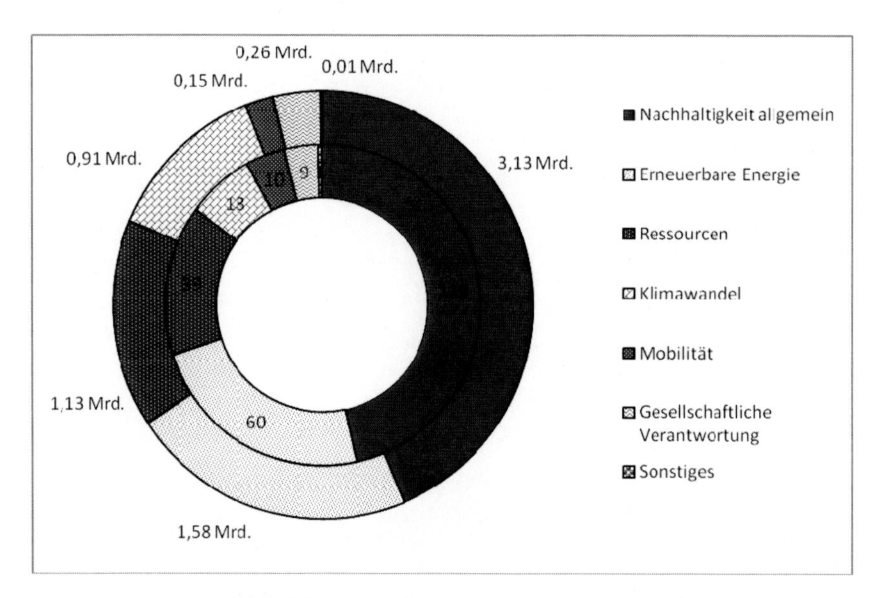

Abbildung 12: Anlagethema der in Deutschland per 31.12.2010 zugelassenen nachhaltigen Zertifikate[121]

Die „Studie zum Markt für nachhaltige Zertifikate und Exchange Traded Funds in Deutschland" kommt zu dem Ergebnis, dass viele der angebotenen Zertifikate aus der Nachhaltigkeitssicht kritisch zu bewerten sind, da keine Überprüfung der Nachhaltigkeitskriterien stattfindet und diese Zertifikate nur aufgrund des Anlagethemas zu den nachhaltigen Zertifikaten zugeordnet werden.[122]

Die nachhaltigen Zertifikate, die aktuell auf der Börse Frankfurt gehandelt werden, sind im Anhang 8 angegeben.

[121] Quelle: Schneider S. (Hrsg.) (2011); S. 14
[122] Vgl. Schneider, S. (Hrsg.) (2011), S. 12

6.8 Nachhaltige Kapitallebens- und Rentenversicherungen

Die einzige Anlageart, für die in Deutschland die Beachtung der Nachhaltigkeitsaspekte gesetzlich vorgeschrieben ist, ist die Anlage in die private und betriebliche Altersversorgung. § 115 Abs. 4 des Gesetzes über die Beaufsichtigung der Versicherungsunternehmen (VAG), der Regelungen für die Vermögensanlage der betrieblichen Altersversorgung vorschreibt, hat folgenden Wortlaut: „Der Pensionsfonds muss die Versorgungsberechtigten grundsätzlich schriftlich bei Vertragsabschluss sowie jährlich schriftlich darüber informieren, ob und wie er ethische, soziale und ökologische Belange bei der Verwendung der eingezahlten Beiträge berücksichtigt.“[123] Diese Regelung gilt ebenfalls für Direktversicherungen und Pensionskassen. Allerdings existieren keine gesetzlichen Vorgaben im Hinblick auf Umfang und Informationsgehalt der Anzeige. Der Anbieter kann durch Fehlanzeige seine Berichtsverpflichtung erfüllen.[124] Andererseits sind die Anbieter, die sich auf die nachhaltigen Anlageprodukte spezialisieren, verpflichtet, die Anleger jährlich „ausführlich und aussagekräftig“ über ihr Anlagemanagement zu informieren.[125]

Weitere gesetzliche Regelungen für die Nachhaltigkeit der Versicherungsverträge ist im Altersvorsorgeverträge-Zertifizierungsgesetz (AltZertG), das die Abschlüsse der privaten Vorsorgevertäge („Riester-Rente“) regelt, zu finden. Die Anbieter der „Riester-Rente“ sind verpflichtet, den Vertragspartner schriftlich bereits vor dem Vertragsabschluss zu informieren, ob und wie ethische, soziale und ökologische Kriterien bei der Vermögensanlage beachtet werden.[126]

Vorteil der Rentenversicherungen gegenüber anderen Anlageformen ist, dass die Renten lebenslang an die versicherte Person gezahlt werden. Es gibt die steuersubventionierte Rentenversicherung, wie z. B. die Förder-Rente („Riester-Rente“), die Basis-Rente („Rürup-Rente“) und die unterschiedlichen Arten der betrieblichen Altersversorgung.[127] Weiterhin sind auch die nachhaltigen Produkte an den Garantiezins von 1,75 % gebunden.

Nachteile dieser Anlageformen liegen in der längeren Kapitalbindung und in verschiedenen Restriktionen für den Erhalt der steuerlichen Förderung.

[123] VAG (2012), § 115 Abs. 4
[124] Vgl. Karch H. (2009), S. 178-179
[125] Vgl. VAG (2012), §115 Abs. 4 i. V. m. Anlage D Abschnitt III zum VAG
[126] Vgl. AltZertG (2010), § 7 Abs. 1 S. 2 Nr. 3
[127] Vgl. Rotthaus, S. (2009), S. 77-79

In Deutschland bieten folgende Versicherungsgesellschaften nachhaltige Kapitallebens- und Rentenversicherungspolicen an:

Versicherungsgesellschaft	Firmensitz	Nachhaltige Produkte
Allianz Lebensversicherung AG	Stuttgart	Allianz Dresdner Global Sustainability
Condor Lebensversicherung AG	Hamburg	Condor Star classic
CosmosDirekt	Saarbrücken	RentiTop 60 Plus
DBV Wintertur AG	Wiesbaden	Wingarant Fondsrente
Delta Lloyd Deutschland AG	Wiesbaden	Aufbau-Rente
H + H Versicherungskontor Hamburg	Hamburg	trasparente Oe, Managed Fund Konzept "Zukunft"
oeco capital Lebensversicherung AG	Hannover	Förderrente, Basis-Rente, betriebliche Altersversorgung[128]
SEB AG	Frankfurt am Main	Plus Rente Classic / Dynamic
versiko AG	Düsseldorf	Förderrente, Basis-Rente, betriebliche Altersversorgung[129]

Tabelle 7: Anbieter nachhaltiger Kapitallebens- und Rentenversicherungen[130]

Die oeco capital Lebensversicherung AG und versiko AG sind die deutschen Versicherungsgesellschaften, die ihre gesamte Produktpalette unter Berücksichtigung von Nachhaltigkeitskriterien anbieten.

[128] Vgl. oeco-capital.de (2012)
[129] Vgl. versico.de (2012)
[130] Datenquelle: ECOreporter.de (2012), Versicherungen

7 Nachhaltige Geldanlagen und Unternehmen

7.1 Corporate Social Responsibility

Bei der Betrachtung der nachhaltigen Geldanlagen wird oft lediglich die Investorenseite analysiert. Um aber den Ansprüchen der Investoren gerecht zu werden, sollen sich auch die Unternehmen zur Nachhaltigkeit bekennen. Somit haben wir als Gegenspieler ein Unternehmen, das den Anforderungen der Investoren im Hinblick auf die Verfolgung der ökonomischen, ökologischen und sozial-ethischen Ziele entspricht. Aus der Perspektive des Unternehmens spricht man über Corporate Social Responsibility (CSR) oder im deutschsprachigen Raum über die nachhaltige Unternehmensführung.[131]

Die Begriffe „Nachhaltige Geldanlage“ und „Corporate Social Responsibility“ (CRS) sind eng miteinander verbunden. Ein wichtiges Kriterium für die Beurteilung, ob die zukünftige Investition nachhaltig ist, ist die Einhaltung der Vorgaben des Corporate Social Responsibility durch das Unternehmen.

Unter Corporate Social Responsibility wird ein „Managementansatz, der neben der ökonomischen Logik soziale und ökologische Verantwortung zu einem konkreten Bestandteil der Unternehmensstrategie macht“[132] verstanden. Im Grünbuch der Europäischen Union wird folgende Definition verwendet: „Corporate Social Responsibility ist ein Konzept, das den Unternehmen als Grundlage dient, auf freiwilliger Basis soziale Belange und Umweltbelange in ihre Unternehmenstätigkeit und in die Wechselbeziehungen mit den Stakeholdern zu integrieren“ [133].

Aus dieser Definition geht hervor, dass CSR vor allem ein freiwilliges Konzept ist, das grundsätzlich von dem Stakeholder-Ansatz in der Unternehmensführung ausgeht. Der Begriff „Stakeholder“ wurde erstmals in 1984 von Freeman verwendet. Nach seiner Definition ist Stackeholder „any group or individual who can affect or is affected by the achievement of the activities of an organisation“.[134] Somit werden unter Stakeholdern im weiteren Sinne die Interessengrupen und im engeren Sinne die Anspruchsgruppen verstanden. Zu den Stakeholdern gehören neben den Eigentümern des Unternehmens

[131] Vgl. Münstermann, M. (2007), S. 3-5
[132] Vgl. Pauli, B. (2007), S. 9
[133] Vgl. Europäische Kommission (Hrsg.) (2001), S. 5
[134] Vgl. Freeman, R. E. (1984), S 46

(Shareholdern) auch z. B. die Mitarbeiter, Kunden, Lieferanten, Kapitalmärkte, Anwohner, Staat, Öffentlichkeit. [135]

Den CSR-Ansatz zu implementieren bedeutet keinesfalls, dass die Unternehmen bewusst auf die Gewinne verzichten müssen. Die Gewinne können langfristig auch wachsen, da sich folgende Faktoren auf die Geschäftstätigkeit positiv auswirken[136]:

- guter Ruf des Unternehmens;
- höhere Effizienz beim Ressourcenansatz;
- höhere Produktakzeptanz und Kundenzufriedenheit;
- höhere Mitarbeitermotivation.

In der Literatur wird die Meinung vertreten, dass mit der Implementierung des Nachhaltigkeitskonzepts in das Unternehmensmanagement eine nutzengenerierende Verwendung von Kapital ohne Substanzverlust erreicht werden kann.[137] Mit Hilfe von unternehmerischer Nachhaltigkeit wird die langfristige Sicherung des sozialen, ökonomischen und ökologischen Kapitals angestrebt.[138] Die ökonomische Nachhaltigkeit strebt den Erhalt des Sach- und Geldkapitals des Unternehmens an. Die ökologische Nachhaltigkeit bedeutet die bewusste Verwendung von Naturkapital (z.B. Öl, Wasser) unter Berücksichtigung der Assimilationsfähigkeit des Ökosystems. Die soziale Nachhaltigkeit umfasst den Erhalt und die Weiterentwicklung des Human- und Wissenskapitals.[139]

Der Zusammenhang zwischen den klassischen Kapitalformen und den Nachhaltigkeitskriterien wird in der Abbildung 4 dargestellt:

[135] Vgl. Münstermann, M. (2007), S. 83-84
[136] Vgl. Schins, R. (2006), S. 94
[137] Vgl. Langer, G. (2011), S. 13
[138] Vgl. Jonker, J., Stark, W., Tewes, S. (2011), S. 88
[139] Vgl. Langer, G. (2011), S. 13-14

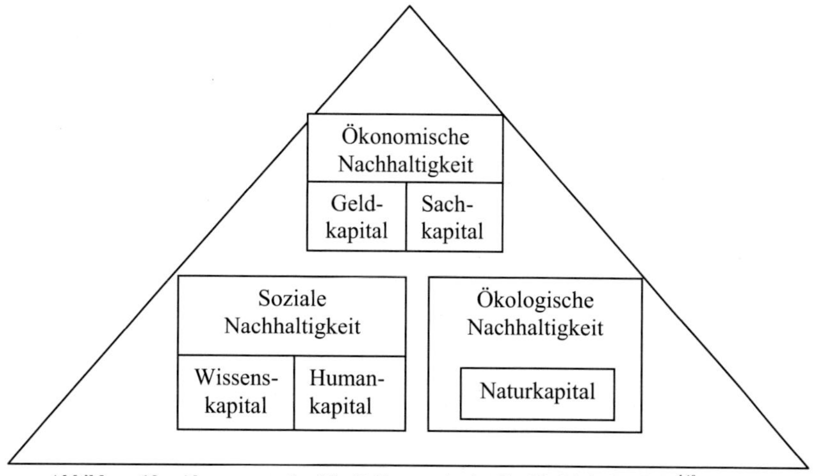

Abbildung 13: Abgrenzung der Kapitalformen in der Nachhaltigkeitstriade[140]

Neben dem Begriff „Corporate Social Responsibility" wird auch der Begriff „Corporate Citizenship" verwendet. Das Konzept des Corporate Citizenship ist auf den über die eigentliche Geschäftstätigkeit hinausgehenden Ansatz des Unternehmens zur Lösung sozialer Probleme in der lokalen Umgebung des Unternehmensstandorts ausgerichtet. Dieses Engagement kann in Form von Gründung von Unternehmensstiftungen, Spenden und Sponsoring sowie dem persönlichen Einsatz der Mitarbeiter erfolgen.[141]

Beide Ansätze stellen die Umsetzung der Nachhaltigkeitsprinzipien auf der einzelwirtschaftlichen bzw. unternehmerischen Ebene dar.

In der Literatur wird oft der ESG-Begriff als Bindungsglied zwischen den nachhaltigen Geldanlagen und Corporate Social Responsibility verwendet. ESG steht für Environmental, Social und Governance und umfasst ein Anforderungsprofil, das die SRI-Investoren an die Unternehmen stellen, die sich zu der Corporate Social Responsibility bekennen. ESG-Nutzer sind daran interessiert zu wissen, ob ein Unternehmen in sein Unternehmenskonzept die ESG-Kriterien implementiert oder diese Werttreiber außer Acht lässt.[142]

[140] In Anlengung: Langer, G. (2011), S. 16
[141] Vgl. Bauerfeind, R. (2007), S. 15
[142] Vgl. Bassen, A. (2007), S. 26

7.2 Nachhaltigkeitsberichterstattung der deutschen Unternehmen

Um die Umsetzung der Nachhaltigkeitskonzepte mit den Stakeholdern und deren Interessen vertretenden Gruppen zu kommunizieren, erstatten die Unternehmen die Nachhaltigkeitsberichte. In der Literatur wurden fünf Stufen der Nachhaltigkeitsberichterstattung aufgeführt, die Umfang und Inhalte der Nachhaltigkeitsberichte in Abhängigkeit von der Berücksichtigung des Informationsbedarfs der Anspruchsgruppen einerseits und dem investierten Zeit- und Geldaufwand andererseits beschreiben:[143]

Stufe 1: Kurze Hinweise im Geschäftsbericht, Infobriefe, Videos.

Stufe 2: Einmaliger Bericht, oftmals mit Umweltleitlinien.

Stufe 3: Jährlicher Bericht, eingebunden in ein Umweltmanagementsystem, mehr Text als Zahlen.

Stufe 4: Jährliche, systematische, datengeschützte Berichterstattung, Unternehmens- und Standortberichte. Auf den Umweltbericht wird im Geschäftsbericht Bezug genommen.

Stufe 5: Nachhaltigkeitsbericht, Verbindung von ökonomischen, ökologischen und sozialen Aspekten der Unternehmensleitung, Unterstützung durch Nachhaltigkeitsindikatoren.

Die relevanten Stakeholder für die Nachhaltigkeitsberichte sind Aktionäre/Eigentümer, Kunden, Analysten, Kreditgeber, Öffentlichkeit, Mitarbeiter, Lieferanten.[144]

Laut der Studie „Nachhaltigkeit und Shareholder Value aus Sicht börsennotierter Unternehmen", die im September 2011 von dem Sustanable Business Institute (SBI) in Kooperation mit dem Deutschen Aktieninstitut veröffentlicht wurde, hat für zwei Drittel der befragten börsennotierten Unternehmen das Thema Nachhaltige Entwicklung eine hohe Bedeutung. Der Anteil der DAX-Unternehmen, für die dieses Thema eine wichtige Priorität hat, beträgt 90 %. 47 % aller börsennotierten bzw. 87 % der DAX-Unternehmen veröffentlichen einen Nachhaltigkeitsbericht. Im Jahr 2003 erstellten 21 % der befragten Unternehmen einen Nachhaltigkeitsbericht.[145]

Als eines der Ergebnisse dieser Studie wurde festgestellt, dass die Nachhaltigkeit für die börsennotierten Unternehmen auch im Hinblick auf den Aktienmarkt bzw. den Markt für die nachhaltigen Geldanlage relevant ist. 37 % der befragten Unternehmen gaben an,

---

[143] Vgl. Burschel. C., Schulz, W., Weigert, M. (Hrsg.) (2001), S. 36-37
[144] Vgl. Henle B. (2008), S. 17
[145] Vgl. von Flotow, P., Kachel, P. (2011), S. 9

dass eine Aufnahme in den Nachhaltigkeitsfonds oder -index zu den Unternehmenszielen gehört. Von 23 befragten DAX-Unternehmen streben 83 % eine solche Aufnahme an.[146]

Die Unternehmen nutzen mehrere Kanäle, um den Finanzmarkt über ihr Nachhaltigkeits-management zu informieren. Die Ergebnisse der Studie sind in der folgenden Abbildung dargestellt.

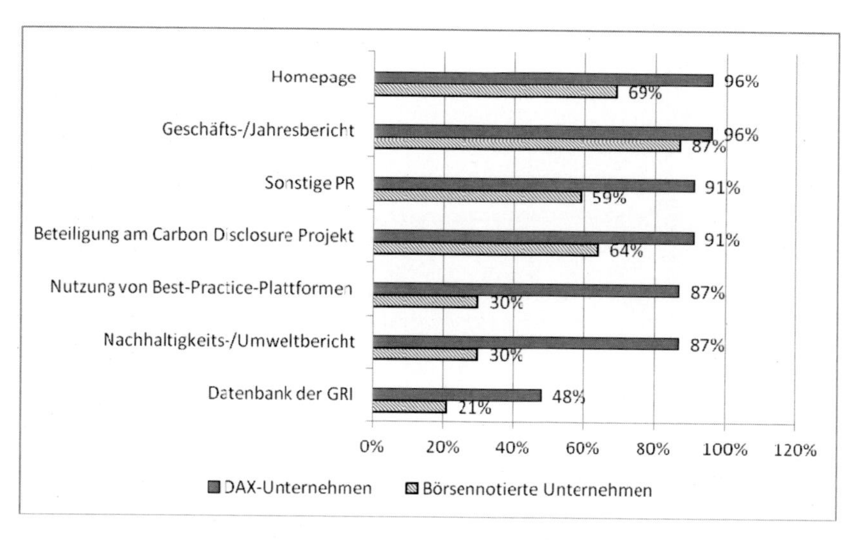

Abbildung 14: Informationskanäle des Nachhaltigkeitsmanagements der börsennotierten Unternehmen[147]

7.3 Nachhaltigkeitsberichterstattungsstandards

Mit den Anforderungen des Marktes entwickelte sich auch die Nachhaltigkeitsberichterstattung. Erstmals im Jahr 2000 erarbeitete und veröffentlichte die Global Reporting Initiative (GRI) einen weltweit einzusetzenden Standard der Nachhaltigkeitsberichterstattung, der regelmäßig angepasst wird.

Die aktuellen Kriterien des Leitfadens zur Nachhaltigkeitsberichterstattung sind in der folgenden Abbildung dargestellt:[148]

---

[146] Vgl. von Flotow, P., Kachel, P. (2011), S. 23
[147] Quelle: von Flotow, P., Kachel, P. (2011), S. 22
[148] Vgl. Global Reporting Initiative (2012), S. 20-36

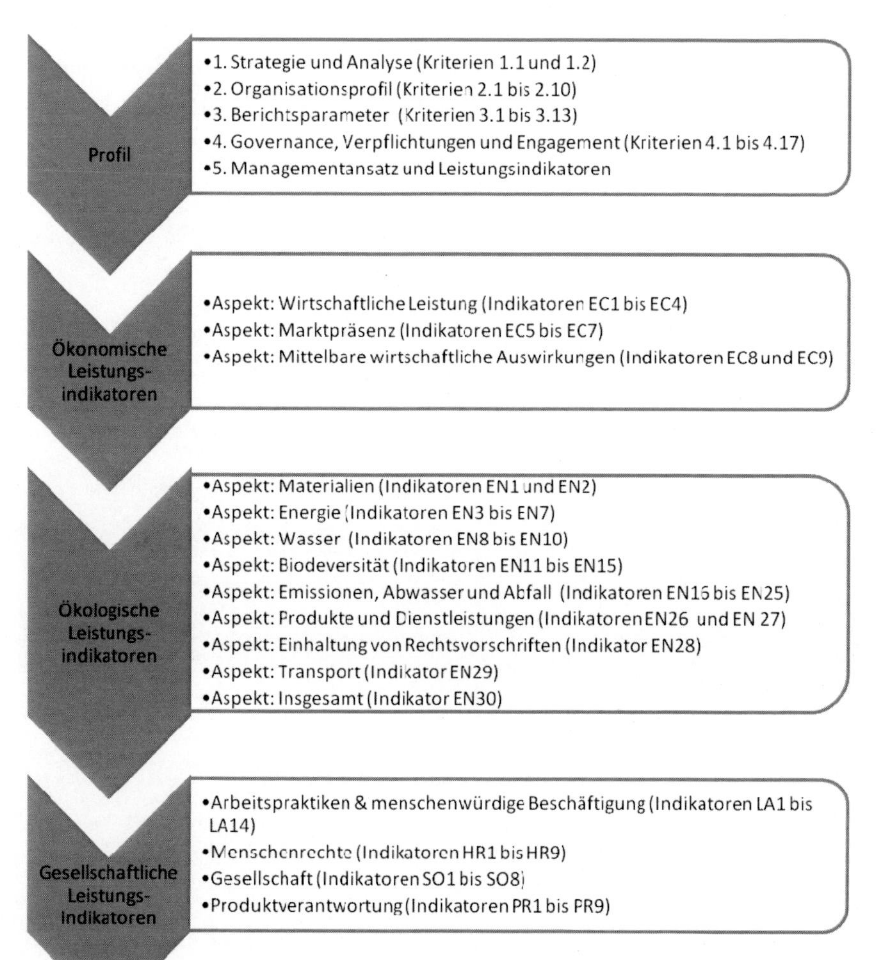

Profil
•1. Strategie und Analyse (Kriterien 1.1 und 1.2)
•2. Organisationsprofil (Kriterien 2.1 bis 2.10)
•3. Berichtsparameter (Kriterien 3.1 bis 3.13)
•4. Governance, Verpflichtungen und Engagement (Kriterien 4.1 bis 4.17)
•5. Managementansatz und Leistungsindikatoren
Ökonomische Leistungs-indikatoren
•Aspekt: Wirtschaftliche Leistung (Indikatoren EC1 bis EC4)
•Aspekt: Marktpräsenz (Indikatoren EC5 bis EC7)
•Aspekt: Mittelbare wirtschaftliche Auswirkungen (Indikatoren EC8 und EC9)
Ökologische Leistungs-indikatoren
•Aspekt: Materialien (Indikatoren EN1 und EN2)
•Aspekt: Energie (Indikatoren EN3 bis EN7)
•Aspekt: Wasser (Indikatoren EN8 bis EN10)
•Aspekt: Biodeversität (Indikatoren EN11 bis EN15)
•Aspekt: Emissionen, Abwasser und Abfall (Indikatoren EN16 bis EN25)
•Aspekt: Produkte und Dienstleistungen (Indikatoren EN26 und EN 27)
•Aspekt: Einhaltung von Rechtsvorschriften (Indikator EN28)
•Aspekt: Transport (Indikator EN29)
•Aspekt: Insgesamt (Indikator EN30)
Gesellschaftliche Leistungs-indikatoren
•Arbeitspraktiken & menschenwürdige Beschäftigung (Indikatoren LA1 bis LA14)
•Menschenrechte (Indikatoren HR1 bis HR9)
•Gesellschaft (Indikatoren SO1 bis SO8)
•Produktverantwortung (Indikatoren PR1 bis PR9)

Abbildung 15: GRI-Kriterien der Nachhaltigkeitsberichterstattung[149]

Im September 2010 stellte die European Federation of Financial Analysts Societies (EFFAS) die ESG-Indikatoren, die auch Key Performance Indikators (KPIs) genannt werden, vor, die in Zusammenarbeit mit der Deutschen Vereinigung für Finanzanalyse und Asset Management (DVFA) ausgearbeitet wurden. Der Leitfaden ist in zwei Kapitel unterteilt. Im ersten Kapitel sind die allgemeinen Anforderungen an Unternehmen aller Branchen beschrieben. Im zweiten Kapitel sind die für jede der 114 Branchen

[149] Eigene Darstellung

gemäß Dow Jones Industry Classification Benchmark anzuwendenden KPIs aufgeführt.[150]

Bis zum Jahr 2011 waren die deutschen Unternehmen auf die internationalen Standards der Nachhaltigkeitsberichterstattung angewiesen. Am 13. Oktober 2011 beschloss der Rat für Nachhaltige Entwicklung den Deutschen Nachhaltigkeitskodex (DNK). Dieser Kodex wird als freiwilliges Instrument genutzt und enthält 20 Anforderungen für nachhaltiges Wirtschaften an Unternehmen aller Größen und Rechtsformen. Ziel des Kodexes ist die Nachhaltigkeitsleistungen vergleichbar zu machen und die Beurteilung von nicht finanziellen Risiken zu erleichtern.[151]

Der Deutsche Nachhaltigkeitskodex enthält 20 Anforderungen für nachhaltige Unternehmensführung, in denen die Kriterien der GRI bzw. ESG-KPIs des EFFAS implementiert sind. Der Kodex stellt die vereinfachte Version der Nachhaltigkeitsberichterstattung im Vergleich zu den Anforderungen der GRI bzw. EFFAS dar. Die Intension war, die Kodexanwendung ohne großen Verwaltungsaufwand Unternehmen jeder Größe und Branche, allen Organisationen, Nichtregierungsorganisationen, Gewerkschaften, Wissenschaftsorganisationen sowie den Unternehmen der öffentlichen Hand die Nachhaltigkeitsberichtserstattung zu ermöglichen.[152]

Die Anwendung des Kodexes ist freiwillig und wird durch Veröffentlichung der Entsprechenserklärungen der teilnehmenden Unternehmen für die Öffentlichkeit transparent gemacht. In der Entsprechenserklärung wird die Erfüllung (comply) der Kodexkriterien bzw. die Abweichung (explain) angegeben.[153] Der Handelskonzern Rewe und der Prüfdienstleister TÜV Rheinland dokumentierten als erste Unternehmen im Februar 2012 ihre Nachhaltigkeitsleistung.[154]

Die Kurzzusammenfassung des DNK ist in der nachfolgenden Abbildung dargestellt[155]:

[150] Vgl. EFFAS (2010), S. 10-16 und 20ff.
[151] Vgl. Bergius, S. (2011), S. 9
[152] Vgl. Rat für Nachhaltige Entwicklung (2012), S. 3 und S. 21
[153] Vgl. Rat für Nachhaltige Entwicklung (2012), S. 21
[154] Vgl. Nachhaltigkeitsrat.de (2012)
[155] Vgl. Rat für Nachhaltige Entwicklung (2012), S. 6-15

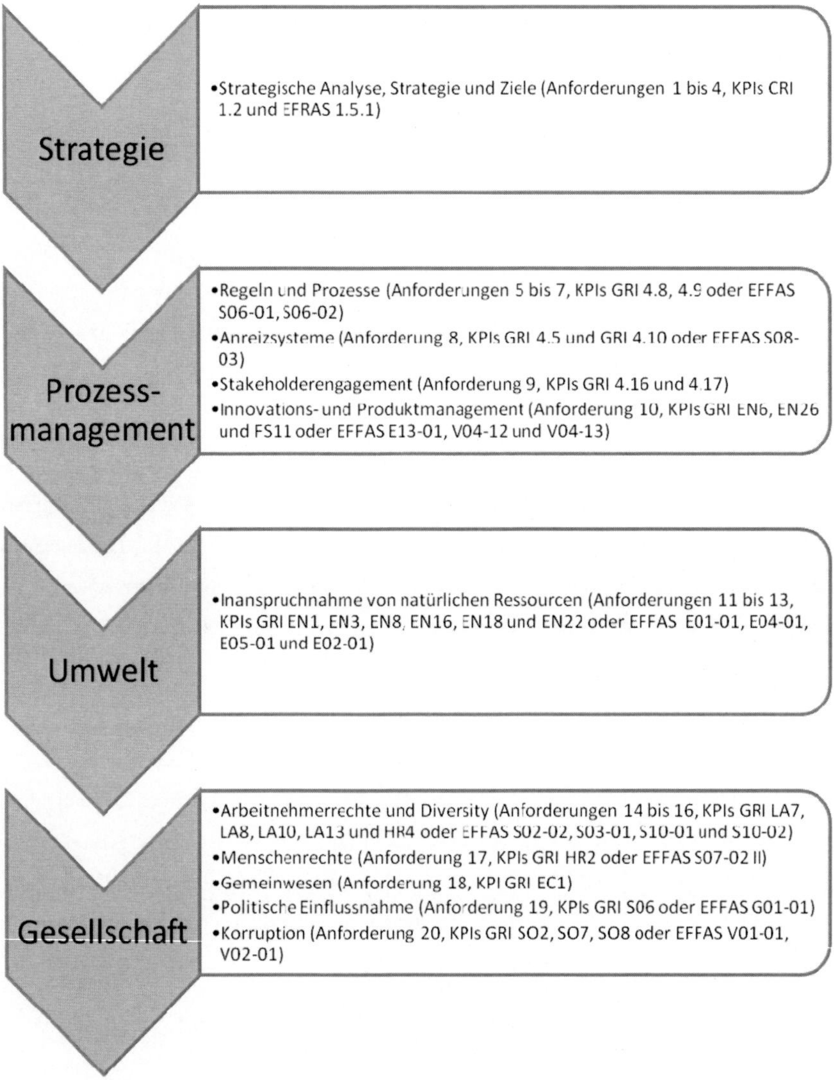

Strategie
•Strategische Analyse, Strategie und Ziele (Anforderungen 1 bis 4, KPIs GRI 1.2 und EFFAS 1.5.1)
Prozess-management
•Regeln und Prozesse (Anforderungen 5 bis 7, KPIs GRI 4.8, 4.9 oder EFFAS S06-01, S06-02)
•Anreizsysteme (Anforderung 8, KPIs GRI 4.5 und GRI 4.10 oder EFFAS S08-03)
•Stakeholderengagement (Anforderung 9, KPIs GRI 4.16 und 4.17)
•Innovations- und Produktmanagement (Anforderung 10, KPIs GRI EN6, EN26 und FS11 oder EFFAS E13-01, V04-12 und V04-13)
Umwelt
•Inanspruchnahme von natürlichen Ressourcen (Anforderungen 11 bis 13, KPIs GRI EN1, EN3, EN8, EN16, EN18 und EN22 oder EFFAS E01-01, E04-01, E05-01 und E02-01)
Gesellschaft
•Arbeitnehmerrechte und Diversity (Anforderungen 14 bis 16, KPIs GRI LA7, LA8, LA10, LA13 und HR4 oder EFFAS S02-02, S03-01, S10-01 und S10-02)
•Menschenrechte (Anforderung 17, KPIs GRI HR2 oder EFFAS S07-02 II)
•Gemeinwesen (Anforderung 18, KPI GRI EC1)
•Politische Einflussnahme (Anforderung 19, KPIs GRI S06 oder EFFAS G01-01)
•Korruption (Anforderung 20, KPIs GRI SO2, SO7, SO8 oder EFFAS V01-01, V02-01)

Abbildung 16: Eckpunkte des Deutschen Nachhaltigkeitskodexes[156]

[156] Eigene Darstellung

8 Nachhaltigkeitsratings und -indizes

8.1 Nachhaltigkeitsratings und Ratingagenturen

Im Unterschied zum Finanzrating erfolgt die Beurteilung der Unternehmen beim nachhaltigen Rating mit Hilfe von ökologischen und sozialen Kriterien. Ziel des Nachhaltigkeitsratings ist die ökologische und soziale Qualität eines Unternehmens mit Hilfe eines für die Investoren verständlichen Bewertungscodes wiederzugeben. [157]

In Deutschland werden überwiegend folgende Rating-Konzepte angewandt: der Frankfurt-Hohenheimer Leitfaden, Sustainability-Rating von SAM und imug/EIRiS-Rating.[158]

In der Literatur wird insbesondere der Ratingansatz nach dem Frankfurt-Hohenheimer Leitfaden (FHL), der in enger Kooperation zwischen der Projektgruppe Ethisch-Ökologisches Rating an der Universität Frankfurt unter der Leitung von Prof. Hoffmann und dem wissenschaftlichen Beirat der oekom research entwickelt wurde und derzeit in verkürzten Form als Corporate Responsibility Rating bei dem oekom research zum Einsatz kommt, hervorgehoben. Es werden folgende Besonderheiten genannt:[159]

- wissenschaftsbasierte Kriteriologie (850 Einzelkriterien von denen oekom research ca. 200 anwendet);
- drei Bewertungsdimensionen (Kulturverträglichkeit, Naturverträglichkeit und Sozialverträglichkeit);
- Einbeziehung der Prinzipien der christlichen Soziallehre.

Der Vergleich der Ratingsysteme ist durch die unterschiedliche Strukturierung der Anforderungskataloge und durch den stark variierenden Detaillierungsgrad der enthaltenen Aspekte sehr eingeschränkt. Das imug-Rating basiert auf einer sektorenübergreifenden Unternehmensbefragung, die durch einen branchenspezifischen Zusatzfragebogen ergänzt wird. SAM und oekom research verwenden die branchenspezifischen Fragebögen.[160]

Für die Nachhaltigkeitsbewertung der Staaten wird z. B. das oekom Country Rating angewandt. Hier wird die Leistungsfähigkeit der Staaten in gleichgewichteten Bereichen

---

[157] Vgl. Gabriel, K. (2007), S. 108
[158] Vgl. Gabriel, K. (2007), S. 129, Henle, B. (2008), S. S. 60-61
[159] Vgl. Henle, B. (2008), S. 70, Gabriel, K. (2007), S. 115, Pinner, W. (2003), S. 149
[160] Vgl. Henle, B. (2008); S. 75

Umwelt und Soziales bewertet. Das Umweltrating basiert auf drei Kategorien: Institutionen & Politik, Umweltbestand und Umweltbelastung. Dem sozialen Rating werden ebenfalls drei Kategorien zu Grunde gelegt: Institutionen & Politik, Soziale Bedingungen und Infrastruktur. Die Daten für die Staatenanalyse werden von supranationalen Organisationen, z. B. ILO, OECD, UNEP und Weltbank, oder von anderen anerkannten Institutionen und NGOs bezogen[161]

Während die Finanzratingagenturen von Staaten und Unternehmen, die an einem Rating interessiert sind, finanziert werden, erfolgt die Finanzierung der Nachhaltigkeitsratingagenturen durch Anbieter der nachhaltigen Anlageprodukte, die diese Kosten im Form von erhöhten Verwaltungsgebühren an die Anleger weitergeben. Dies hat den Vorteil, dass die Unternehmensbewertung unabhängig von den zu bewertenden Unternehmen und Staaten erfolgt.[162]

Die nachhaltigen Rating- und Researchagenturen unterstützen die Investoren, Kapitalanlagegesellschaften und die Indexanbieter bei der Bewertung der nachhaltigen Faktoren der potenziellen Investitionskandidaten. Es lassen sich zwei Ansätze unterscheiden, obwohl in der Praxis fast alle Agenturen beide Ansätze anbieten:[163]

- Agenturen, die ein eigenes Konzept zur Nachhaltigkeitsbewertung entworfen haben und anhand dieses Konzeptes ihre Kunden beraten;
- Agenturen, die Unternehmensbewertung anhand der von Kunden vorgegebenen Kriterien durchführen oder diese Kriterien in Zusammenarbeit mit den Kunden erstellen.

In Deutschland ansässige nachhaltige Ratingagenturen und Researchanbieter sind in der nachfolgenden Tabelle abgebildet:

[161] Vgl. Groß, C., Häßler, R. D. (2011), S. 164
[162] Vgl. Gabriel, K. (2007); S 109
[163] Vgl. Nachhaltiges-Investment.org (2012), Researchkonzepte

Rating- bzw. Researchanbieter	Sitz	Eigentumsverhältnisse	Nachhaltigkeitsresearch seit	Researchmitarbeiter
Bank Sarasin AG	Frankfurt am Main	100 % Tochter der Bank Sarasin & Cie, Schweiz	1989	11 Nachhaltigkeitsanalysten
imug Beratungsgesellschaft mbH	Hannover	6 Gesellschafter	1995	5 Wirtschafts- und Sozialwissenschaftler/-innen
KBC Asset Management	Frankfurt am Main	100 % Tochter der KBC Group N.V.	1992	4 SRI-Spezialisten
oekom research AG	München	Streubesitz, 90 % Privatanleger	1993	39 Akademiker
Sustainalytics GmbH	Frankfurt am Main	Tochter der Sustainalytics N.V., Niederlande	2000	6 Wirtschafts- und Sozialwissenschaftler/-innen

Tabelle 8: Rating- und Researchagenturen in Deutschland[164]

Die deutschen Vermögensverwalter werden auch von ausländischen Rating- und Reaserchanbietern betreut. Dazu zählen z. B. Inrate AG, Schweiz, deren Ursprünge in das Jahr 1990 zurückreichen sind und zu deren Kunden unter anderen der Provider des Naturaktienindexes SECURVITA zählt, und die SAM-Group, die seit 1995 besteht und zusammen mit Dow Jones Indexes die Dow Jones Sustainability Indizes betreut.[165]

8.2 Nachhaltigkeitsindizes

Die Nachhaltigkeitsindizes spielen bei den nachhaltigen Geldanlagen eine zentrale Rolle, da sich immer mehr Investoren, Finanzdienstleistungsunternehmen und Kapitalanlagegesellschaften bei der Zusammensetzung des Portfolios an den Indizes orientieren, die Unternehmen an ihrer sozialen und ökologischen Verantwortlichkeit bewerten.[166]

Die deutschen Indexprovider berechnen folgende nachhaltige Aktienindizes:

[164] Eigene Darstellung, Datenquelle: Nachhaltiges-Investment-org (2012), Researchkonzepte
[165] Vgl. Fricke, A. (2010), S. 172, S. 177
[166] Vgl. Gabriel, K. (2005), S. 1

Indexname	Indexprovider	Auflage	Zusammensetzung
Natur-Aktien-Index (NAI)	SECURVITA	01.04.1997	30 internationalen Unternehmen
UmweltBank-Aktienindex (UBAI)	UmweltBank AG	01.07.2002	37 deutschen Unternehmen[167]
HVB Nachhaltigkeitsindex	UniCredit Bank AG	01.01.2005	k. A.
ÖkoDAX	Deutsche Börse	04.06.2007	10 liquidesten deutschen Unternehmen aus dem Sektor Erneuerbare Energien[168]
DAXglobal Alternative Energy Index	Deutsche Börse	07.08.2006	15 internationale Unternehmen aus dem Sektor Erneurbare Energien[169]
Global Challenges Index (GCX)	Börse Hannover, oekom research AG	01.09.2007	50 internationale Unternehmen[170]
DAXglobal Sarasin Sustainability	Deutsche Börse	12.07.2007	43 deutsche Unternehmen[171]
RENIXX World – Renewable Energy Industrial Index	IWR	28.04.2006	30 internationale Unternehmen aus dem Sektor Erneuerbare Energien[172]

Tabelle 9: Aktienindizes der deutschen Indexprovider[173]

Der älteste deutsche nachhaltige Aktienindex ist der Natur Aktien Index (NAI), der seit 1997 von der SECURVITA Gesellschaft zur Entwicklung alternativer Versicherungskonzepte mbH in Hamburg berechnet wird. Ursprünglich wurde der NAI aus 20 Unternehmen berechnet. Anfang 2003 wurde er auf 25 Unternehmen erweitert. Seit 2007 umfasst dieser Index 30 Titel der internationalen Umweltaktien von ökologisch orientierten Unternehmen und ist als reiner Kursindex konzipiert.[174] „Der NAI soll Gradmesser für den ökonomischen Erfolg von Unternehmen sein, die global zur Entwicklung ökologisch und sozial nachhaltiger Wirtschaftsstile beitragen." Ziel des NAI ist, die langfristigen Trends abzubilden und mit internationalen Aktienindizes vergleichbar zu sein.[175]

---

[167] Vgl. UmweltBank.de (2012) UBAI
[168] Vgl. DAX-Indices.com (2012)
[169] Vgl. DAX-Indices.com (2012)
[170] Vgl. GCIndex.com (2012)
[171] Vgl. Boerse-Frankfurt.de (2012), Shares in sustainable indices
[172] Cgl. IWR.de (2012)
[173] Vgl. Nachhaltiges-Investment-org (2012), Indizes
[174] Vgl. NAI-Index.de (2012), Die Entwicklung des NAI, Rothaus, S. (2009), S. 60
[175] Vgl. NAI-Index.de (2012), Vollständige NAI-Kriterien, S. 1

Als Auswahlverfahren wird die Positiv- und Negativselektion angewandt. In erster Stufe wird das Negativ-Screening durchgeführt. Die Negativkriterien sind z. B. Atomindustrie, Waffenproduktion, Gentechnik in der Lebensmittelproduktion, Menschenrechtsverletzungen, Kinderarbeit, Diskriminierung der Frauen bzw. ethischen oder sozialen Minderheiten, Unterbindung von gewerkschaftlichen Tätigkeiten, Herstellung der umweltschädlichen Produkten sowie die Anwendung von umweltschädlichen Produktionsprozesse. Weiterhin dürfen keine Unternehmen aufgenommen werden, die auf vorgenannten Unternehmen eine Kapitalbeteiligung besitzen.[176]

In der zweiten Stufe erfolgt das Positiv-Screening. Die Unternehmen müssen mindestens zwei aus folgenden vier Positivkriterien erfüllen:[177]

1. Angebotene Produkte und Dienstleistungen tragen zur Lösung der ökologischen und sozialen Problemen bei, z. B. regenerative Energieerzeugung, biologische Landwirtschaft, sozial-ökologisch orientierte Forschung, Armutsbekämpfung;
2. Das Unternehmen gehört zu den Branchenvorreitern im Hinblick auf die Produktgestaltung, z. B. Nutzungseffizienz, Produktsicherheit und Recyclingfähigkeit;
3. Das Unternehmen ist ein Branchenvorreiter im Hinblick auf die technische Gestaltung des Produktions- und Absatzprozesses, z. B. Minimierung des Energie- und Rohstoffverbrauchs, ständige Verbesserung der Umweltleistungen;
4. Das Unternehmen ist ein Branchenvorreiter im Hinblick auf die soziale Gestaltung der Produktions- und Absatzprozesse, z. B. Schaffung von Ausbildungs- und Arbeitsplätzen, Sicherheit und Gesundheitsschutz am Arbeitsplatz.

Anschließend überprüft ein sachkundiger Ausschuss, ob die in NAI gelisteten Unternehmen die Kriterien erfüllen und entscheidet über die Aufnahme oder den Ausschluss aus dem Index.[178]

Weiterhin wurde festgelegt, dass drei Viertel der vertretenen Unternehmen mehr als 100 Mio. Dollar jährlich umsetzen. Ein Viertel ist für die kleineren Unternehmen, die ökologisch innovative Produkte entwickeln, reserviert.[179] Zurzeit werden im NAI drei deutsche Unternehmen vertreten: Aixtron (Halbleiteranlagen), Solarworld (Fotovoltaik)

[176] Vgl. NAI-Index.de (2012)Vollständige NAI-Kriterien, S. 3-4
[177] Vgl. NAI-Index.de (2012)Vollständige NAI-Kriterien, S. 1-3
[178] Vgl. Reschke, L.-E. (2010), S. 158
[179] Vgl. Rothaus (2009), S. 61

und Steiko (Dämmstoffe).[180] Eine vollständige Liste der im NAI gelisteten Unternehmen ist im Anhang 9 aufgeführt.

Die deutschen Investoren und Vermögensverwalter orientieren sich bei ihren Anlageentscheidungen auch an den weiteren weltweit oder europaweit aufgelegten Indizes. Die nachhaltigen Indizes der Dow Jones Familie, die deutsche Unternehmen beinhalten und in Zusammenarbeit von Dow Jones Indexes und SAM-Group berechnet werden, sind in der nachfolgenden Tabelle zusammengestellt:

Indexname	Start	Zusammensetzung	Anteil der deutschen Unternehmen
Dow Jones Sustainability World Index	1999	341 Unternehmen aus 30 Ländern	7,7 %
Dow Jones Sustainability World Enlarged Index	2010	559 Unternehmen aus 32 Ländern	6,46 %
Dow Jones Sustainability World 80 Index	2008	80 Unternehmen aus dem DJSI World	13,17 %
Dow Jones Sustainability Europe Index	2010	172 Unternehmen aus 15 europäischen Ländern	17,53 %
DOW Jones Sustainability Europa 40 Index	2010	40 Unternehmen aus dem DJSI Europa	28,80 %
Dow Jones Sustainability Eurozone Index	2010	97 Unternehmen aus 10 Ländern der Eurozone	36,89 %
DOW Jones Sustainability Eurozone 40 Index	2010	40 Unternehmen aus dem DJSI Eurozone	41,47 %

Tabelle 10: Ausgewählte Dow Jones Nachhaltigkeitsindizes[181]

In diesen Indizes sind unter anderen folgende deutsche Unternehmen vertreten: adidas AG, Allianz SE, BASF SE, Bayer AG, BMW AG, Deutsche Bank AG, Deutsche Post AG, Münchener Rückversicherungs-Gesellschaft AG, RWE AG, SAP AG, Siemens AG. Die Aufnahme der Unternehmen wie BASF SE und RWE AG in diese Indizes erntet viel Kritik, beruht aber auf dem angewandten Best-in-Class Ansatz, der keinen Branchenausschluss vorsieht.[182]

[180] Vgl. NAI-Index.de (2012), Die Unternehmen im NAI
[181] Datenquelle: Sustainability-Index.com (2012)
[182] Vgl. Sustainability-Index.com (2012)

Weiterhin werden unter anderem folgende internationale Nachhaltigkeitsindizes berechnet, die auch deutsche Unternehmen auflisten: [183]

- EURO STOXX Sustainability Index (seit 2001)
- FTSE4Good World Index (seit 2001);
- FTSE4Good Europe Index (seit 2001);
- KLD Global Sustainability Index (seit 2007).

Dem Anleger oder Vermögensverwalter steht eine ausreichende Auswahl der nachhaltigen Indizes zur Verfügung. Bei der Wahl der Indizes sind auf jeden Fall eigene oder kundenspezifische Vorstellungen und Anforderungen an die Nachhaltigkeit zu berücksichtigen und zu hinterfragen.

[183] Vgl. Barkawi, A. (2008), S. 546

9 Performance der nachhaltigen Geldanlagen

Als erstes Gegenargument gegen die Investitionen in die nachhaltige Geldanlage wird deren erwartete Unterperformance im Vergleich zu klassischen Geldanlagen genannt. Dies wird mit der Einschränkung des Investmentuniversums begründet, die durch Einführung der zusätzlichen Kriterien entsteht. Die als Folge erwartete Verschiebung der Effizienz-Linie nach rechts unten und damit zusammenhängende Erhöhung des Risikos und Minderung des Ertrages im Vergleich zu dem Effizienzportfolio wurde 1972 von Moskowitz beschrieben und ist in der Abbildung 17 dargestellt.[184]

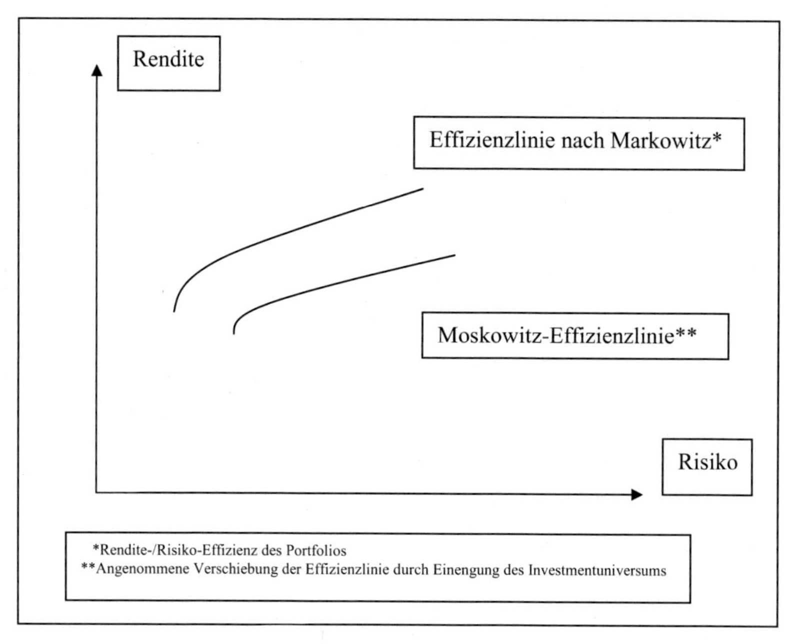

Abbildung 17: Theoretische Verschiebung der Effizienzlinie durch Beschränkung des Anlageuniversums[185]

Die Befürworter der nachhaltigen Geldanlagen gehen wie auch andere Anhänger der aktiven Anlagestrategien davon aus, dass die Finanzmärkte schwach effizient sind und lediglich die Informationen über die Vergangenheit widerspiegeln und beteuern die Möglichkeit der Erzielung der Überrenditen über geeignete Auswahlkriterien.[186]

---

[184] Vgl. Pinner, W. (2003), S. 30-31, Schröder, M. (2008), S. 521
[185] Quelle: Pinner, W. (2003), S. 31
[186] Vgl. Pinner, W. (2003), S. 31-32

In den letzten Jahren wurden zahlreiche Studien durchgeführt, deren Ziel war, die Performance der konventionellen Anlagen und der nachhaltigen Geldanlagen zu vergleichen. Die meisten Studien konnten keinen signifikanten Unterschied in der risikoadjustierten Rendite zwischen den nachhaltigen und konventionellen Fonds nachweisen.[187]

Allerdings werden die deutschen nachhaltigen Fonds selten bei der Analyse berücksichtigt. Dies wird dadurch erklärt, dass der Nachhaltigkeitsgedanke in Deutschland sehr lange insbesondere auf die ökologischen Aspekte fokussierte und die Nachhaltigkeitsfonds in der Regel als Themenfonds aufgelegt wurden.[188] Die deutschen Nachhaltigkeitsfonds, die alle drei Kriterien berücksichtigen, kamen erst in der Mitte des letzten Jahrzehnts auf den Markt.

Im Jahr 2005 verglichen Bauer, Koedijk und Otten 103 deutsche, britische und amerikanische Aktien-Ethikfonds mit 4.384 konventionellen Aktienfonds von Januar 1990 bis März 2001, davon waren 16 Ethikfonds und 114 konventionellen Fonds aus Deutschland. Sie kamen zu dem Ergebnis, dass die Ethikfonds im Schnitt ein wesentlich geringeres Vermögen verwalten und höhere Verwaltungsgebühren haben als die konventionellen Fonds. Diese Faktoren beeinflussen negativ die Performance der Ethikfonds. Allerdings wiesen die Ethikfonds im Schnitt 5 % geringere Standardabweichung als die konventionellen Fonds auf. Für die Sharpe- und Treynor-Ratio konnten keine signifikanten Unterschiede zwischen Ethikfonds und konventionellen Fonds festgestellt werden.[189]

Eine im Jahr 2007 veröffentlichte Studie zur Performance von Best-In-Class Portfolien von HVB Research und oekom research untersuchte insgesamt 749 Aktientitel, die im MCSI World Aktienindex im Untersuchungszeitraum vom 31.12.2000 bis 31.12.2006 gelistet wurden. Dabei wurden die Titel in Prime-Portfolio, das die Unternehmensaktien enthielt, die vom oekom research aufgrund ihres positiven Ergebnisses im Corporate Responsibility Rating als nachhaltig eingestuft wurden, und Not-Prime-Portfolio, das aus Aktien bestand, die aus Sicht von oekom research nicht für nachhaltiges Investment empfohlen werden könnten, unterteilt.[190]

---

[187] Vgl. Schröder, M. (2008), S. 522
[188] Vgl. Seitz, J. (2010), S. 61
[189] Vgl. Bauer. R., Koedijk, K. , Otten, R. (2005), S. 1754-1760
[190] Vgl. HVB & oekom research (2007), S. 4, S. 8

Die Studie kam zu folgenden Ergebnissen:[191]

- es besteht ein positiver Zusammenhang zwischen der Beachtung von Nachhaltigkeitskriterien und der erzielten Rendite;
- je langfristiger der Anlagehorizont ist, desto deutlicher wird die Outperformance des Prime-Portfolios;
- als mögliche Gründe für die positive Entwicklung wurden u. a. ein hohes Maß an Transparenz bei nachhaltigkeitsorientierten Unternehmen, Dialog mit Anspruchsgruppen als Frühwarnsystem, Vermeidung von regulatorischen Risiken sowie Kostenverringerung durch effizienteren Ressourceneinsatz genannt.

Die Nachhaltigkeitsstudie der Bank Sarasin & Cie AG aus dem Jahr 2011 zeigte, dass ein Zusammenhang zwischen der Performance der Staatsanleihen und der Nachhaltigkeit des Staates besteht. In der Studie wurden in dem World Government Bond Index (WGBI) von Citigroup gelistete Staaten durch die Bank Sarasin mit Hilfe des Nachhaltigkeitsratings in zwei Gruppen aufgeteilt. 15 Staaten wurden als „nachhaltig“ eingestuft und 10 Staaten wurden als „nicht nachhaltig“ bezeichnet. Weiterhin wurde die Entwicklung der beiden Gruppen ab Mitte 2009 bis Ende 2010 untersucht. Länder, die höhere Ressourceneffizienz aufwiesen, verzeichneten eine positive Entwicklung. Weniger nachhaltig agierende Volkswirtschaften sind im Zuge der Finanzkrise in Schwierigkeiten geraten. Dies hängt damit zusammen, dass die langfristige Zahlungsfähigkeit eines Landes im Zusammenhang mit der Realisierbarkeit der zukünftigen Steuereinnahmen steht. Um das zu gewährleisten, muss eine nachhaltige Steuerbasis in Form von Gütern und Dienstleistungen vorliegen. Und dieses Steuersubstrat hängt von der effizienten Umwandlung der verfügbaren natürlichen, sozialen und wirtschaftlichen Ressourcen in Güter und Dienstleistungen ab.[192]

[191] Vgl. HVB & oekom research (2007), S. 11
[192] Vgl. Sarasin.de (2011)

10 Zusammenfassung und kritische Würdigung

Zusammenfassend ist festzustellen, dass für den Begriff „Nachhaltige Geldanlage“ keine eindeutige und länderübergreifende Definition existiert. Auch in Deutschland werden unterschiedliche Kriterien der Nachhaltigkeit angewandt. Das Spektrum der nachhaltigen Geldanlagen reicht von der Anwendung der wenigen Ausschlusskriterien bis zur kompletten Berücksichtigung der ökonomischen, ökologischen und sozial-kulturellen Aspekte bei der Anlageentscheidung.

Dies wird durch unterschiedliche Selektionsstrategien widergespiegelt. Einige sehen den kompletten Ausschluss bestimmten Branchen vor, andere nehmen alle Branchen auf, wählen aber die nachhaltigsten Unternehmen für die Investition. Die Orientierung auf spezifische Themenbereiche, die besonders umweltfreundlich oder ethisch geprägt sind, stellt eine weitere Selektionsmöglichkeit dar. Einerseits sieht es auf den ersten Blick wie ein chaotischer und intransparenter Begriff aus und verleitet zur Forderungen der gesetzlichen Regulierung. Andererseits ermöglicht genau diese Vielfalt Anlegern die Flexibilität bei der Portfoliobildung und erfordert von ihnen ein aktives Engagement bei der Auseinandersetzung mit dem Thema.

Weiterhin ist festzuhalten, dass der deutsche Markt für die nachhaltige Geldanlagen zu den Nischenmärkten gehört und sich an den spezifischen Bedürfnissen der Investoren orientiert. Der Markt wird zurzeit von den institutionellen Investoren dominiert, die nicht immer aus Überzeugung sondern oft durch politischen Druck oder Druck der Mitglieder zu nachhaltigen Investitionen gedrängt werden. Die Privatinvestoren zeigen eine positive emotionale Grundhaltung zu dem Thema und investieren meist langfristig in die nachhaltigen Geldanlagen.

Trotz der Nischenstellung des Marktes für nachhaltige Geldanlagen ist es ein gut funktionierender Markt mit sehr gut entwickelter Infrastruktur. Den Investoren steht eine breite Palette der Anlageprodukte zur Auswahl, die sowohl direkte als auch indirekte Investitionen ermöglicht. Außer wenigen Spezialanbietern, die sich nur auf die nachhaltigen Geldanlagen spezialisieren, haben ca. 100 Anbietern sowohl die konventionellen als auch nachhaltige Geldanlagen im Angebot.

Die deutschen Unternehmen entdecken den Trend ihrer Kunden zu mehr Nachhaltigkeit und implementieren die Ansätze der nachhaltigen Unternehmensführung in ihre Geschäftspraktiken. Mehr als ein Drittel der deutschen börsennotierten Unternehmen strebt die Aufnahme in ein Nachhaltigkeitsfonds oder einen Nachhaltigkeitsindex an.

Die Anlageentscheidungen der Investoren und der Vermögensverwalter werden durch die nationalen und internationalen nachhaltigen Rating- und Researchagenturen unterstützt. Die Anleger haben ebenfalls die Möglichkeit, sich insbesondere bei den Direktanlagen an den Nachhaltigkeitsindizes zu orientieren.

Sowohl an dem Ansatz von nachhaltigen Geldanlagen als auch an Corporate Social Responsibility wird viel Kritik geübt. Der bekannteste Gegner des CRS-Ansatzes war Milton Friedman, der in seinem Aufsatz „The Social Responsibility of Business is to increase its Profits" beteuerte, dass die Wohltätigkeit nicht zu den Aufgaben eines Unternehmens gehört. Die Unternehmen sollten sich, seiner Meinung nach, ausschließlich dem Ziel der Gewinnmaximierung widmen und innerhalb der marktwirtschaftlichen Strukturen effizient Güter und Dienstleistungen herstellen.[193]

Die Kritik an dem Drei-Säulen-Modell der Nachhaltigkeit richtet sich auf die Schwierigkeit der Operationalisierung in der Praxis, da Zielkonflikte unvermeidbar sind. Außerdem wird die angestrebte Gleichrangigkeit der Säulen beanstandet.[194]

Zu den Selektionsansätzen wird in der Literatur die Kritik dahingehend ausgeübt, dass die Unternehmensbeurteilung in den meisten Fällen nicht vor Ort, sondern auf der Grundlage der Nachhaltigkeitsberichte durchgeführt wird. Da aber diese Berichte keiner gesetzlichen Kontrolle unterliegen, ist eine übertrieben positive Selbstdarstellung des Unternehmens nicht auszuschließen.[195] Weiterhin kombinieren die meisten nachhaltigen Investmentfonds mehrere Selektionsstrategien, um deren spezifische Nachteile auszugleichen. Dies führt aber zur Unübersichtlichkeit und Intransparenz für die Anleger und erschwert die Vergleichbarkeit der einzelnen Investmentfonds. Außerdem ist die Wirkung der Selektionsstrategien sehr schwer messbar.[196]

Die Kernkritikpunkte am Konzept der nachhaltigen Geldanlagen sind:

- unvermeidbare Zielkonflikte bei Gleichrangigkeit der ökonomischen, ökologischen und sozialen Aspekte;
- Selektion erfolgt auf Grundlage der Nachhaltigkeitsberichte, deren Normen nicht gesetzlich vorgeschrieben sind;
- Komplexität bei der Überprüfung der Nachhaltigkeit in der ganzen Wertschöpfungskette.

[193] Vgl. Speer, S. (2011), S. 33
[194] Vgl. Jonker, J., Stark, W., Tewes, S. (2011), S. 147
[195] Vgl. Faust, M., Scholz, S. (2008), S. 152
[196] Vgl. Seitz, J. (2010), S. 34-35

Außerdem profitierte insbesondere die Sparte Erneuerbare Energie sehr lange von den großzügigen staatlichen Subventionen und somit steht zurzeit ihre Konkurrenzfähigkeit im internationalen Vergleich in Frage.

Die nachhaltigen Geldanlagen weisen folgende Vorteile auf:

- Erweiterung des Entscheidungskriteriums auf die Mittelverwendung;
- Einbeziehung der ökologischen und sozialen Aspekte bei der Portfoliobildung;
- Berücksichtigung der Wertvorstellungen und Wünsche der Anleger;
- höhere Transparenz bei indirekten Anlagen im Hinblick auf den Kapitaleinsatz und die Herkunft der Erträge im Vergleich zur konventionellen Anlageformen.

Trotz alle Kritikpunkte wird davon ausgegangen, dass die ethisch-ökologische Kriterien und Nachhaltigkeit dank dem Einfluss der Anhänger des Lifestyles of Health and Sustainability zum Anlagetrend wird. Es wird erwartet, dass bis 2017 die Integration der Nachhaltigkeitskriterien in die Aktienanalyse selbstverständlich wird.[197]

Die nachhaltigen Geldanlagen tragen nicht nur zur Vermögensvermehrung und Vermögenserhaltung bei, sondern unterstützen den einzelnen Menschen auf dem Weg zur Selbstverwirklichung und zur Übernahme der Verantwortung nicht nur für sein eigenes Leben, sondern auch für das Leben auf der Erde. Für die Menschen, die nicht ein hilfloser Teil des überwiegend IT-gesteuerten globalen Geldsystems, das nur nach Gewinn- oder Vermögensmaximierung strebt, sein wollen oder können, bieten die nachhaltigen Geldanlagen eine Möglichkeit eigenes Handeln mit eigenen Werten in Einklang zu bringen.[198]

Wichtig ist, dass die Investition in die nachhaltigen Geldanlagen eine freiwillige Entscheidung jedes einzelnen Investors ist und nicht aus Zwang, sondern aus Überzeugung getroffen werden soll.[199]

Nachhaltige Geldanlagen ist kein Thema, das sich mechanisch und trocken abhandeln lässt. Es ist ein Thema, das persönliche Werte, Ideale, Einstellungen und Ängste berührt. Bei der Auseinandersetzung mit dem Thema stellen sich zwangsläufig die folgenden Fragen: Welche Werte habe ich? Was ist mir wichtig? Was würde ich tun,

[197] Vgl. Wenzel, E., Kirig. A., Rauch, C. (2007), S. 98-99
[198] Vgl. Rotthaus, S. (2009), S. 28
[199] Vgl. Hörter, S., Krimm, T., Menzinger, B., Zagst, R. (2011), S. 304

um die Zukunft zu gestalten? Ist es ein reiner Idealismus, Geldanlage und Ethik zu verbinden? Ist es einfach ein neuer Trick der Finanzindustrie zum Geldverdienen oder handeln die Anbieter aus Überzeugung? Diese Fragen lassen sich nicht allgemein beantworten und es ist nutzlos, die Antworten in Büchern und Ratgebern zu suchen. Diese Fragen kann ein Individuum nur sich selbst stellen und nur für sich selbst beantworten und dann eventuell die Kraft finden, die Antworten in die Tat umzusetzen.

Es wäre falsch zu behaupten, dass die Investoren in die nachhaltigen Geldanlagen besser, gewissenhafter und verantwortungsvoller als die anderen Menschen sind oder umgekehrt diejenigen sind, die ihr Geld für nutzlose Ideale, die nichts mit der Wirtschaft zu tun haben, verschwenden. Diese Menschen haben einfach andere Prioritäten im Leben. Die nachhaltigen Geldanlagen erlauben jedem Einzelnen seine individuellen Werte zu erforschen und zum Ausdruck zu bringen und stellen somit ein wertvolles Segment des Anlageuniversums dar.

Anhang

Anhang 1 Angebotspalette der Forest Finance Service GmbH[200]

	WoodStockInvest	**WaldSpar-Buch**	**BaumSparVer-trag**	**CacaoInvest**
Mindestan-lage	einmalig 25.000 € (Grundstück-pacht), bzw. 31.000 € (Grund-eigentum)	Einmalig 3.250 €	33 € monatlich oder 360 € jährlich	7.750 €
Anlagedau-er	mindestens 25 Jahre	25 Jahre, Rücknahme-Garantie im 4. bis 24. Jahr entsprechend 10 % bis 200 % der Erstanlage	25 Jahre, jährli-ches Kündigungs-recht, Erstattung der gezahlten Beiträge abzüglich Bearbeitungs- und Verwaltungsge-bühr	25 Jahre
Vertrags-gegenstand	1 ha Pachtgrund-stück oder Landei-gentum inkl. Forstmanagement, Nachpflanzgaran-tie und Feuerversi-cherung	1.000 m^2 Pachtgrund-stück inkl. Forstmana-gement	Pacht einer Parzelle am Grund und Boden inkl. Forstmanagement	Pacht 0,25 ha Agro-Mischforst-grundstück inkl. Auffors-tung und Pflege
Auszahlung	ab dem 10 Jahr (Prognose)	nach 25 Jahren	nach 25 Jahren	ab dem 2 Jahr (Prognose)
erwartete Rendite	ca. 10 %	7,5 % – 9,4 %	7% - 10 %	bis zu 8,5 %

[200] Eigene Darstellung, Quelle: ForestFinance.de (2012)

Anhang 2 Nachhaltige Aktien, die von der Umweltbank AG angeboten werden

Deutsche Aktien (RK 4) **per 26.04.12**	**WKN** **ISIN**	**Dividende pro Aktie (EUR)**	**Schlusskurs (EUR)**
UmweltBank AG Open Market Frankfurt	557 080 DE0005570808	2010 0,98	**25,60**
2G Energy AG Open Market Frankfurt	A0H L8N DE000A0HL8N9	2010 0,00	**38,00**
ABO Invest AG Open Market Frankfurt	A1E WXA DE000A1EWXA4	2010 0,00	**1,14**
AGO AG Energie + Anlagen Open Market Frankfurt	A0L R41 DE000A0LR415	2010 0,00	**1,95**
aleo solar AG Prime Standard Frankfurt	A0J M63 DE000A0JM634	2010 0,00	**20,93**
BDI - BioEnergy International AG Prime Standard Frankfurt	A0L AXT AT0000A02177	2010 2,65	**15,30**
Biogas Nord AG Open Market Frankfurt	A0H HE2 DE000A0HHE20	2010 0,00	**2,18**
BIOPETROL INDUSTRIES AG Open Market Frankfurt	A0H NQ5 CH0023225938	2010 0,00	**0,43**
BKN biostrom AG Open Market Frankfurt	A0L D4M DE000A0LD4M4	2010 0,00	**0,62**
CENTROSOLAR Group AG Prime Standard Frankfurt	514 850 DE0005148506	2010 0,00	**0,80**
centrotherm photovoltaics AG Prime Standard, TecDax Frankfurt	A0J MMN DE000A0JMMN2	2010 0,70	**7,35**
COLEXON Energy AG Prime Standard Frankfurt	525 070 DE0005250708	2010 0,00	**0,24**
Conergy AG Prime Standard Frankfurt	A1K RCK DE000A1KRCK4	2010 0,00	**0,50**
CropEnergies AG Open Market Frankfurt	A0L AUP DE000A0LAUP1	2010 0,15	**4,90**
DTB – Deutsche Biogas AG Open Market Frankfurt	A1E 898 DE000A1E8988	2010 0,00	**5,01**
Energiekontor AG General Standard Frankfurt	531 350 DE0005313506	2010 0,00	**5,19**
EnviTec Biogas AG Prime Standard Frankfurt	A0M VLS DE000A0MVLS8	2010 0,00	**8,25**

[201] Datenquelle: UmweltBank.de (2012), Fonds- und Wertpapierkurse

Deutsche Aktien (RK 4) **per 26.04.12**	**WKN** **ISIN**	**Dividende pro Aktie (EUR)**	**Schlusskurs** **(EUR)**
KTG Agrar AG Open Market Frankfurt	A0D N1J DE000A0DN1J4	2010 0,15	**13,52**
Manz AG Prime Standard, TecDax Frankfurt	A0J Q5U DE000A0JQ5U3	2010 0,00	**22,80**
Nordex SE Prime Standard, TecDax Frankfurt	A0D 655 DE000A0D6554	2010 0,00	**3,37**
Payom Solar AG Open Market Frankfurt	A0B 9AH DE000A0B9AH9	2010 0,40	**0,41**
PETROTEC AG Prime Standard Frankfurt	PET 111 DE000PET1111	2010 0,00	**1,13**
Phoenix Solar AG Prime Standard Frankfurt	A0B VU9 DE000A0BVU93	2010 0,35	**1,02**
PNE Wind AG Prime Standard Frankfurt	A0J BPG DE000A0JBPG2	2010 0,04	**1,59**
Q-Cells SE Prime Standard Frankfurt	555 866 DE0005558662	2010 0,00	**0,13**
Roth & Rau AG Prime Standard Frankfurt	A0J CZ5 DE000A0JCZ51	2010 0,00	**17,01**
S.A.G. Solarstrom AG General Standard Frankfurt	702 100 DE0007021008	2010 0,13	**2,35**
SMA Solar Technology AG Prime Standard, TecDax Frankfurt	A0D J6J DE000A0DJ6J9	2010 3,00	**30,56**
Solar-Fabrik AG Prime Standard Frankfurt	661 471 DE0006614712	2010 0,00	**2,04**
Solar Millennium AG Open Market Frankfurt	721 840 DE0007218406	2010 0,00	**0,09**
Solarparc AG Open Market Frankfurt	635 253 DE0006352537	2010 0,00	**8,35**
Solarpraxis AG Open Market Frankfurt	549 547 DE0005495477	2010 0,00	**1,85**
SolarWorld AG Prime Standard, TecDax Frankfurt	510 840 DE0005108401	2010 0,19	**1,54**
SOLON SE Prime Standard Frankfurt	747 119 DE0007471195	2010 0,00	**0,08**
Solutronic AG Open Market Frankfurt	A1E 8NE DE000A1E8NE7	2010 0,00	**0,83**
sunways AG Prime Standard Frankfurt	733 220 DE0007332207	2010 0,00	**1,09**
VERBIO Vereinigte BioEnergie AG Prime Standard Frankfurt	A0J L9W DE000A0JL9W6	2010 0,00	**2,73**

Anhang 3 Aktiendatenbank (Deutschland) der Internetplattform Nachhaltiges-Investment.org[202]

Aktien	Branche
2G Bio-Energietechnik AG	Technologie
Abo Invest AG	Finanzdienstleistungen
Adidas AG	zyklische Konsumgüter & Dienstleistungen
AGO AG	Technologie
Aixtron AG	Industriegüter & -dienstleistungen
Aleo Solar	Technologie
Allianz SE	Finanzdienstleistungen
Altana	Pharma & Gesundheit
Amada	Industriegüter & -dienstleistungen
Aurubis AG	Rohstoffe
BASF	Chemie
Bayer	Chemie
Bayerische Landesbank	Banken
BayWa AG	Handel
Beiersdorf	nicht-zyklische Konsumgüter & Dienstleistungen
Bilfinger Berger AG	Bau
Biogas Nord	Energie
Biotest	Pharma & Gesundheit
BKN biostrom AG	Energie
BMW Group	Automobil
Celanese	Chemie
Celesio	Pharma & Gesundheit
Centrosolar	Technologie
Centrotec Sustainable AG	Technologie
Centrotherm	Technologie
CeWe Color AG	nicht-zyklische Konsumgüter & Dienstleistungen
COLEXON Energy AG	Technologie
Commerzbank	Banken
Conergy	Energie
Continental	Automobil
CropEnergies AG	Energie
Daimler	Automobil

[202] Datenqulle: Nachhaltiges-Investment.org (2012), Aktiendatenbank

Aktien	Branche
Degussa	Chemie
Delta Lloyd Investment Managers GmbH	Finanzdienstleistungen
Deutsche Bank	Banken
Deutsche Biogas AG	Energie
Deutsche Börse	Finanzdienstleistungen
Deutsche Euroshop AG	Finanzdienstleistungen
Deutsche Hypothekenbank	Banken
Deutsche Post	nicht-zyklische Konsumgüter & Dienstleistungen
Deutsche Postbank	Banken
Deutsche Telekom	Telekommunikation
Dialog Semiconductor plc	Technologie
Douglas Holding	nicht-zyklische Konsumgüter & Dienstleistungen
Draegerwerk	Technologie
Drillisch AG	Telekommunikation
E.ON	Versorgung
Electronic Arts	zyklische Konsumgüter & Dienstleistungen
Elster Group	Industriegüter & -dienstleistungen
Energiekontor	Energie
EnviTec Biogas	Energie
Fielmann	nicht-zyklische Konsumgüter & Dienstleistungen
Fraport AG	Industriegüter & -dienstleistungen
Fresenius	Pharma & Gesundheit
Fresenius Medical Care	Pharma & Gesundheit
Fukuda Denshi	Technologie
Gazit	Finanzdienstleistungen
Hamburger Hafen AG	zyklische Konsumgüter & Dienstleistungen
Hannover Rückversicherungs-AG	Finanzdienstleistungen
Heidelberg Cement	Bau
Heidelberger Druckmaschinen	Industriegüter & -dienstleistungen
Henkel	nicht-zyklische Konsumgüter & Dienstleistungen
Hochtief AG	Bau
HSH Nordbank AG	Banken
Hugo Boss	nicht-zyklische Konsumgüter & Dienstleistungen
Hypo Real Estate HRE	Banken
Imtech	Industriegüter & -dienstleistungen
Infineon Technologies	Technologie
INIT	Technologie
Innovation Group	Versicherung

Aktien	Branche
Interseroh	Industriegüter & -dienstleistungen
IVG Immobilien AG	sonstige
Ja Solar	Energie
Jungheinrich AG	Industriegüter & -dienstleistungen
Krones AG	Industriegüter & -dienstleistungen
KSB	Medien
KTG Agrar AG	sonstige
Landesbank Baden-Württemberg	Banken
Lanxess	Chemie
Leoni AG	Technologie
Linde	Industriegüter & -dienstleistungen
Lufthansa	zyklische Konsumgüter & Dienstleistungen
Manz Automation	Industriegüter & -dienstleistungen
Merck Darmstadt	Pharma & Gesundheit
Metro	Handel
Münchener Rückversicherung	Versicherung
NORD/LB - Norddeutsche Landesbank	Banken
Nordex	Energie
Payom Solar	Energie
Petrotec	Energie
Pfeiffer Vacuum	Industriegüter & -dienstleistungen
Phoenix Solar AG	Energie
PNE Wind AG	Energie
Porsche	Automobil
Prologis AG	Industriegüter & -dienstleistungen
PSI AG	Technologie
Puma	zyklische Konsumgüter & Dienstleistungen
Q-Cells AG	Energie
REpower Systems	Energie
Rhoen Klinikum	Pharma & Gesundheit
Roth + Rau	Technologie
RWE	Versorgung
SAG Solarstrom	Energie
SAP	Technologie
Schaltbau Holding	Technologie
Schering	Pharma & Gesundheit
SGL Carbon	Industriegüter & -dienstleistungen
Siemens	Technologie

Aktien	Branche
SMA Solar Technology AG	Technologie
Solar Millenium	Energie
Solar-Fabrik	Energie
Solarparc AG	Technologie
Solarpraxis	nicht-zyklische Konsumgüter & Dienstleistungen
SolarWorld	Energie
Solon	Energie
Solutronic	Industriegüter & -dienstleistungen
Steico	Industriegüter & -dienstleistungen
Sto	Industriegüter & -dienstleistungen
Sunways	Energie
Symrise AG	nicht-zyklische Konsumgüter & Dienstleistungen
TUI AG	zyklische Konsumgüter & Dienstleistungen
UmweltBank	Banken
Verbio	Energie
Volkswagen	Automobil
Vossloh	Industriegüter & -dienstleistungen
VTG Aktiengesellschaft	Industriegüter & -dienstleistungen
Wacker Chemie	Chemie
WashTec	Technologie
Wella	nicht-zyklische Konsumgüter & Dienstleistungen
Wincor Nixdorf	Informationstechnologie

Anhang 4 Anleihen und Genussrechte, die von der Umweltbank AG angeboten werden[203]

Wandelanleihen (RK 4) per 26.04.12	**WKN ISIN**	**Zinstermine Laufzeit**	**Schlusskurs (%)**
PNE Wind AG 7,00 %	A0Z 1MR DE000A0Z1MR2	01.01. 2014	**100,50**
Q-Cells Int. Finance B.V. 5,75 %	A1A GZ0 DE000A1AGZ06	26.05. / 26.11. 2014	**13,00**
Q-Cells SE 6,75 %	A1E 8HF DE000A1E8HF6	21.05. / 21.10. 2015	**0,54** (nom. 4,38€)
SOLON SE 1,375 %	A0S 9JG DE000A0S9JG3	06.12. 2012	**1,20**
Projekt-Genussscheine(RK 3) per 27.04.12	**WKN ISIN**	**Zinstermine Laufzeit**	**Kurs (%) mit Stückzins***
UmweltVermögen 5 % Genussschein 2005/2012	A0Q Z07 DE000A0QZ078	30.06. 2012	**106,62**
SolarWindPark Vega 6,05 % Genussschein 2005/2015	A0E R13 DE000A0ER139	02.01. 2015	**103,00**
Windpark Wesermündung 6,25 % Genussschein 2005/2015	A0E RY0 DE000A0ERY01	31.01. 2015	**102,02**
Windpark Kauxdorf 6,35 % Genussschein 2006/2016	A0Q 8CH DE000A0Q8CH0	31.01. 2016	**102,05**
Biomasseheizkraftwerk Emlichheim 6,75 % Genussschein 2006/2013	A0Q 8CK DE000A0Q8CK4	31.01. 2013	**102,18**
Windpark Elbe-Weser-Land 6,35 % Genussschein 2006/2016	A0Q 8CJ DE000A0Q8CJ6	31.01. 2016	**102,05**
meridian Solarportfolio 2008 5,95 % Genussrecht 2008/2018	Namens-GR 000 205	31.01. 2018	**101,92**
e.n.o. Windportfolio 2008 6,85 % Genussrecht 2008/2018	Namens-GR 000 206	31.01. 2018	**106,15**
Energiequelle Solarportfolio Bayern 2009 6,25 % Genussschein 2009/2019	A0R MTS DE000A0RMTS9	31.01. 2019	**102,02**
meridian Solarportfolio 2010 5,75 % Genussschein 2010/2020	A1C 5WE DE000A1C5WE6	31.01. 2020	**101,86**
Energiequelle Windparkportfolio 2010 5,95 % Genussschein 2010/2020	A1C 5XY DE000A1C5XY2	31.01. 2020	**102,50**
Eurowind 6,45 % Genussschein 2010/2021	A0R LPW DE000A0RLPW1	31.01. 2021	**104,00**

[203] Datenquelle: Umweltbank.de (2012), Fonds- und Wertpapierkurse

Projekt-Genussscheine(RK 3) per 27.04.12	WKN ISIN	Zinstermine Laufzeit	Kurs (%) mit Stückzins*
meridian Solar- und Windparkportfolio 2011 5,75 % Genussschein 2011/2021	A1J DFB DE000A1JDFB8	31.01. 2021	**101,86**
saferay 2012 Solarpark Senftenberg 5,5 % Genussschein 2012/2021	A1J SEU DE000A1JSEU9	31.12. 2021	**100,78**
UmweltBank-Genussscheine (RK 3) per 27.04.12	**WKN ISIN**	**Zinstermine Laufzeit**	**Kurs (%) mit Stückzins***
UmweltBank 3,75 % 2003	723 302 DE0007233025	30.06. 2012	**104,96**
UmweltBank 5 % 2007 / 08 Genussrecht 2007/08 / 2012	Namens-GR 000 502	30.06. 2012	**106,62**
UmweltBank 3,75 % 2004 Genußschein 2012/2013	A0A YVW DE000A0AYVW8	30.06. 2013	**105,21**
UmweltBank 3,75 % 2005 Genußschein 2012/2013	A0E ACS DE000A0EACS8	30.06. 2013	**105,86**
UmweltBank 5 % 2006 Genussrecht 2006/2013	Namens-GR 000 500	30.06. 2013	**106,62**
UmweltBank 4,75 % 2009 Genussrecht 2009/2014	Namens-GR 000 504	30.06. 2014	**106,29**
UmweltBank 3,85 % 2007 Genussrecht 2012/2015	Namens-GR 000 501	30.06. 2015	**105,89**
UmweltBank 5 % 2008 Genussrecht 2008/2015	Namens-GR 000 503	30.06. 2015	**107,00**
UmweltBank 4,5 % 2010 Genussrecht 2010/2016	Namens-GR 000 505	30.06. 2016	**105,95**
UmweltBank 4,65 % 2010 / 11 Genussrecht 2010/11 / 2017	Namens-GR 000 506	30.06. 2017	**106,15**
UmweltBank 4,0 % 2011 Genussrecht 2011 / 2021	Namens-GR 000 507	30.06. 2021	**102,30**
UmweltBank 4,0 % 2011 / 12 Genussrecht 2011/12 / 2022	Namens-GR 000 508	30.06. 2022	**101,29**

Anhang 5 Bankeinlagen bei den ethisch-ökologischen Banken in Deutschland

	GLS Gemeinschaftsbank eG[204]	**EthikBank**[205]	**Triodos Bank N.V. Deutschland**[206]	**UmweltBank AG**[207]
Kurzprofil	Finanzierung sozial, ökologisch und kulturell nachhaltiger Projekte	Direktbank für ethische und ökologische Bankprodukte, Frauenförderung	Finanzierung sozial, ökologisch und kulturell nachhaltiger Projekte	zinsgünstige Finanzierung ökologischer Projekte
Gründungsjahr	1974	2002	2009	1997
Eigentümer	22.150 Mitglieder	Zweigstelle der Volksbank Eisenberg eG	Niederlassung der Triodos Bank N.V.	Streubesitz
Filialnetz	7 Filialen	Direktbank	Direktbank	Direktbank
Bilanzsumme	2.269 Mio. € (2011)	k. A.	k. A.	1.763 Mio. € (2010)
Kundeneinlagen	1.970 Mio. € (2011)	123 Mio. € (2011)	20 Mio. € (2010)	1.180 Mio. € (2010)
Kunden	116.500 (2011)	15.354 (2011)	1.000 (2010)	86.116 (2010)
Beschäftigte	407 (2011)	13 (2011)	28 (2010)	142 (2010)
Girokonten	ja	ja	nur Geschäftskunden	nein
Tagesgeldkonto*	ab 10. 000 €, var. 0,8 % p.a.	var. 0,5 % p.a. ab 1 € bis 5.000 €, 0,75 % p.a. ab 5.001 €	ab 1 € var. 1,7 % p. a. Privatkunden, 1,5 % p.a. Geschäftskunden	ab 500 €, var. 1,15 % p.a.
Festgeldkonto*	ab 50.000 €, fest 0,8 % – 1,0 % p.a.	ab 5.000 €, fest 0,5 % - 0,75 % p.a.	nur Geschäftskunden ab 10.000,00, 1,5 % bis 2 % p.a.	nein
Sparplan*	ab 25 € monatlich, Laufzeit 4 bis 10 Jahre, var. 1,8% p.a.	ab 50 € monatlich, Laufzeit 7 Jahre, fest 0,5 % p.a. zzgl. 7 % Bonus	ab 25 € monatlich, Laufzeit 5 bis 20 Jahre, var. 1,4 % p.a. zzgl. 3 % bis 15 % Bonus	ab 25 € monatlich, var. 1,15% p.a. zzgl. dyn. Bonus
Sparbrief*	ab 1.000 €, Laufzeit 2 bis 10 Jahre, fest 1,2 % - 2,5 % p.a.	ab 2.500 €, Laufzeit 1 bis 10 Jahre, fest 0,75 % - 2 % p.a.	nein	ab 500 €, Laufzeit 2 bis 25 Jahre, fest1,95 % bis 2,85 % p.a.
Weitere Bankeinlagen	Sparkonto, Wachstumssparen, Projektsparen, Anlageplan, Vermögenswirksame Leistungen	Mäusekonto, Wachstumszertifikat, Vermögenswirksame Leistungen, Rente-Plus	nein	Wachstumssparen, Umweltsparbuch Extra, UmweltZertifikat
Einlagensicherung	unbegrenzt, Mitglied der Sicherungseinrichtung der BVR	unbegrenzt, Mitglied der Sicherungseinrichtung der BVR	100.000 €, niederländisches Einlagensicherungssystem	100.000 €, gesetzliche Einlagensicherung der BRD

*Konditionen Stand April 2012

[204] Vgl. GLS.de (2012)
[205] Vgl. Ethikbank.de (2012)
[206] Vgl. Triodos.de (2012)
[207] Vgl. UmweltBank.de (2012), Anlagekonditionen

Anhang 6 Bankeinlagen bei den kirchlichen Banken in Deutschland

	KD-Bank Bank für Kirche und Diakonie[208]	Bank für Orden und Mission[209]	Steyler Bank GmbH[210]	LIGA Bank eG[211]	Pax-Bank eG[212]	Bank für Kirche und Caritas eG[213]
Kurzprofil	Finanzierung von sozialen Projekten	Förderung der gemeinnützigen, kirchlichen und nachhaltigen Projekte	Missionsbank, die sich auf ethische Geldanlage spezialisiert	Dienstleister für die katholische Kirche	universeller Finanzdienstleister mit christlicher Orientierung	Spezialbank für die Institutionen der katholischen Kirche
Gründungsjahr	1925 (LKG Sachsen)	2003	1964	1917	1917	1972
Eigentümer	4.222 Institutionen aus Kirche und Diakonie	Zweigniederlassung der vr bank Untertaunus eG	Orden „Gesellschaft des göttlichen Wortes“	8.927 Institutionen der katholischen Kirche	1.751 Institutionen der katholischen Kirche	1.374 Institutionen der katholischen Kirche
Filialnetz	7 Filialen	Direktbank	2 Filialen	14 Filialen	9 Filialen	Direktbank
Bilanzsumme	4.296 Mio. € (2010)	k. A.	293 Mio. € (2010)	4.370 Mio. € (2010)	2.141 Mio. € (2010)	3.792 Mio. € (2011)
Kundeneinlagen	3.728 Mio. € (2010)	k. A.	272 Mio. € (2010)	3.966 Mio. € (2010)	1.810 Mio. € (2010)	3.570 Mio. € (2011)
Kunden	keine Kirchenzugehörigkeit erforderlich			ausschließlich Institutionen der katholischen Kirche und deren Mitarbeiter		
Beschäftigte	193 (2010)	k. A.	50 (2010)	389 (2010)	151 (2010)	61 (2010)
Girokonten	ja	ja	ja	ja	ja	ja

[208] Vgl. KD-Bank.de (2012)
[209] Vgl. Ordensbank.de (2012)
[210] Vgl. Steyler-bank.de (2012)
[211] Vgl. Ligabank.de (2012)
[212] Vgl. Paxbank.de (2012), Bundesanzeiger (2011), Pax-Bank eG
[213] Vgl. BKC-Padeborn.de (2012), Bundesanzeiger (2011), Bank für Kirche und Caritas eG

	KD-Bank Bank für Kirche und Diakonie	**Bank für Orden und Mission**	**Steyler Bank GmbH**	**LIGA Bank eG**	**Pax-Bank eG**	**Bank für Kirche und Caritas eG**
Tages-geldkon-to*	ab 1 €, Konditio-nen auf Anfrage	k. A.	var. 0,3 % p.a. ab 1 €, 0,35 % p.a. ab 5.000 €, 0,4 % p.a. ab 25.000 €	ab 1 €, var. 0,85 % p.a.	k. A.	k. A.
Fest-geldkon-to*	ab 5.000 €, fest 0,3 % bis 0,85 % p.a.	ab 10.000 €, Konditio-nen auf Anfrage	ab 5.000, fest 0,5 % bis 1,86 % p.a.	Konditio-nen auf Anfrage	ab 5.000 €, Konditio-nen auf Anfrage	ab 5.000 €, Konditio-nen auf Anfrage
Spar-plan*	ab 25 € monatlich, var. 0,75 % p.a. zzgl. 5 % bis 40 % Bonus	ab 50 € monatlich, Laufzeit 5 Jahre, var. 0,5 % p.a. zzgl. 1,8 % Bonus	ab 50 € monatlich, Laufzeit max. 25 Jahre, var. 0,5 % p.a. zzgl. Bonus	k. A.	k. A.	Ab 25 € monatlich, Konditio-nen auf Anfrage
Spar-brief*	ab 2.500 €, Laufzeit 1 bis 10 Jahre, fest 0,95 % bis 2,6 %	ab 1.000 €, Laufzeit 3 bis 5 Jahre, fest 1,2 % bis 1,5 %	Ab 500 €, Laufzeit 1 bis 8 Jahre, fest 1 % bis 2 % p.a., 50 % Missions-spende	Konditio-nen auf Anfrage	k. A.	k. A.
Weitere Bank-einlagen	Sparkon-to, Wachs-tums-sparen, Auszahl-plan	Sparbuch, Anlage-konto, Wachs-tums-sparen	Sparbuch, Wachs-tumssparen, Indien-Sparbrief	Top-Zins-Direkt, VR-Flex-Konto, Wachs-tums-sparbuch	k. A.	Mehrzins-sparen, Wachs-tums-sparen, Gewinn-sparen
Einla-gensi-cherung	unbe-grenzt, Mitglied der Siche-rungsein-richtung der BVR	unbe-grenzt, Mitglied der Siche-rungsein-richtung der BVR	30 % der Bilanz-summe pro Anleger, Einlagensi-cherungs-fonds der deutschen Banken	unbe-grenzt, Mitglied der Siche-rungsein-richtung der BVR	unbe-grenzt, Mitglied der Siche-rungsein-richtung der BVR	unbe-grenzt, Mitglied der Siche-rungsein-richtung der BVR

*Konditionen Stand April 2012

Anhang 7 Anbieter der in Deutschland zugelassenen nachhaltigen Publikumsfonds und ETFs[214]

3 BANKEN-GENERALI Investment-Gesellschaft mbH
Aberdeen Global SICAV
ACOLIN Fund Management S.A.
Allianz Global Investors France
Allianz Global Investors Luxembourg S.A.
AmpegaGerling Investment GmbH
Amundi Asset Management
Aviva Funds SICAV
AXA Investment Managers Deutschland GmbH
Axxion S.A.
Bankhaus Schelhammer & Schattera KAG
BankInvest
Banque de Luxembourg
Barclays Global Investors
Baumann and Partners S.A
BayernInvest
BlackRock Asset Management Ireland Limited
BlackRock Merill Lynch Investment Managers
BNP Paribas Asset Management
BNP Paribas Investment Partners
Carl Spängler KAG mbH
Carnegie Asset Management
Cominvest Asset Management S.A.
Craton Capital
Credit Suisse Asset Management Funds Ltd
Credit Suisse Fund Management Company (Ireland) Limited
CS ETF (IE) on Credit Suisse Global Alternative Energy
db x-trackers
Deka Investment GmbH
Delta Lloyd Investment Managers GmbH
Deutsche Postbank Asset Management S.A.
Dexia Asset Management
DJE Investment S.A.
DNB Asset Management
DVG - Deutsche Vermögensbildungsgesellschaft mbH
DWS Investment GmbH
DWS Investment S.A.
Edmond de Rothschild Asset Management
Erste Sparinvest
ETFS Fund Company Plc
F&C Fund Management
Financière de Champlain
Financière de l'Echiquier

[214] Datenquelle: Nachhaltige-Investments.org (2012), Fondsdatenbank

FiNet Asset Management AG
First State Investments
Fisch Fund Services AG
FRANKFURT-TRUST Investment Gesellschaft mbH
GAM Fund Management
Generali Investments
GLG Partners Asset Management Limited
Goldman Sachs Asset Management International
GreenEffects Investment plc.
Gutmann KAG mbH
HANSAINVES Hanseatische Investment-GmbH
Hauck & Aufhäuser Investment Gesellschaft S.A.
Henderson Global Investors
HSBC Investments Funds (Luxembourg) S.A
HSBC Trinkaus Investment Managers SA
Hunter Hall Investment Management
IFM Independent Fund Management AG
ING (L) Invest SICAV
Invesco KAG
Invesco PowerShares Capital Management Ireland Limited
IPConcept Fund Management SA
IT Asset Management
JPMorgan Flemig Asset Management
Jupiter Global Fund (SICAV)
KAS Investment Servicing GmbH
KBC Asset Management
KEPLER Fonds KAG
LBBW Asset Management Investmentgesellschaft mbH
LGT Capital Management AG
Living Planet Fund Management Company S.A.
Lombard Odier Managers S.A.
Lyxor Asset Management
MEAG MUNICH ERGO Kapitalanlagegesellschaft mbH
MK Luxinvest
Monega Kapitalanlagegesellschaft mbH
Natexis Asset Management
NORD/LB Kapitalanlagegesellschaft AG
Nordea Bank S.A.
Ökoworld Lux. SA
Petercam S.A.
Pictet Funds S.A.
Pioneer Asset Management S.A.
Pioneer Investments Austria
Pioneer Investments Kapitalanlagegesellschaft mbH
ProVita GmbH
Raiffeisen Capital Management
Raiffeisen Salzburg Invest KAG mbH
Robeco

SAM Sustainable Asset Management AG
Sarasin Investmentfonds SICAV
Schroder Investment Management
SEB Asset Management S.A.
SEB Invest GmbH
Sparinvest S. A.
Swiss Life Asset Management
Swisscanto Fondsleitung AG
Triodos SICAV I
UBS Equity Fund Management Company S.A.
UBS Global Asset Management
Union Investment Luxembourg S.A.
Union Investment Privatfonds GmbH
Universal-Investment GmbH
Volksbank Invest KAG
Vontobel Fonds Services AG
Vontobel Fund SICAV
Warburg Invest Kapitalanlagegesellschaft mbH
WestLB Asset Management Kapitalanlagegesellschaft mbH

Anhang 8 Themenzertifikate, die auf der Börse Frankfurt notiert sind[215]

WKN	Produkttyp	Basiswert	Emittent	Fälligkeit	Geld	Brief
696425	Tracker Zertifikate	STOXX EU Sustain Index	WLB		-	-
788888	Tracker Zertifikate	FTSE4Good EUR 50	UBSL		27,2	27,4
BC0BUS	Kapitalschutz-Produkte ohne Cap	Barclays Select-10 Sustainable	BAR	14.10.2013	-	-
BC0ELB	Kapitalschutz-Produkte ohne Cap	Sustainibility 10 Income Welt	BAR	05.06.2013	-	-
BLB23C	Tracker Zertifikate	Value-Nachhaltigkeits Referenz	BLB		-	-
CB4MWR	Tracker Zertifikate	Sustainability All Stars	COBA		84,1	85,4
DR1WDQ	Tracker Zertifikate	DAXglobal Sarasin Sustainability Germany EUR (Performance)	COBA		14,5	14,6
HV2AUR	Kapitalschutz-Produkte ohne Cap	HVB Nachhaltigkeits Preisindex	HVB	06.12.2013	-	-
HV2AWN	Tracker Zertifikate	HVB Nachhaltigkeits Preisindex	HVB		-	-
HV2AWP	Express Zertifikate	HVB Nachhaltigkeits Preisindex	HVB	21.08.2014	32,5	32,8
HV2CGP	Weitere Renditeoptimierungs-Produkte	HVB Nachhaltigkeits Preisindex	HVB	09.09.2013	31,4	31,7
HV5AJ7	Tracker Zertifikate	CEERIUS	HVB		-	-
HV5JGJ	Tracker Zertifikate	DAXglobal Sarasin Sustainability Germany EUR (Net Return)	HVB		-	-
HV5YE9	Express Zertifikate	HVB Nachhaltigkeits Preisindex	HVB	24.06.2013	46,9	47,4
HV5YEL	Weitere Renditeoptimierungs-Produkte	HVB Nachhaltigkeits Preisindex	HVB	24.06.2013	48	48,5
RCB0WM	Kapitalschutz-Produkte ohne Cap	k. A.	RCB	03.05.2013	-	-
RCB8RY	Tracker Zertifikate	EURO STOXX Sustain 40	RCB		-	-
WLB508	Tracker Zertifikate	EURO STOXX Sustain Index	WLB		-	-

[215] Datenquelle: Boerse-Frankfurt.de (2012), Themenzertifikate

Anhang 9 Die Unternehmen im NAI[216]

Unternehmen	Land	Branche	ISIN-Nr.	seit
Aixtron	Deutschland	Halbleiteranlagen	DE000A0WMPJ6	2005
Bio-Treat / Hankore	China	Abwasserbehandlung	BMG112401010	2007
Boiron	Frankreich	Homöopathie	FR0000061129	1997
BWT	Österreich	Wasseraufbereitung	AT0000737705	2007
East Japan Rail-way Company	Japan	Schienenverkehr	JP3783600004	2004
Ecolab	USA	Reinigungsmittel	US2788651006	2008
Gaiam	USA	Ökoprodukte	US36268Q1031	2001
Höganäs	Schweden	Metallverarbeitung	SE0000232175	2004
Insituform/Aegion	USA	Wasserrohrsanierung	US00770F1049	2007
Interface	USA	Bodenbeläge	US4586651063	2002
Kadant	USA	Papierrecycling	US48282T1043	2004
Kurita Water Industries	Japan	Wassermanagement	JP3270000007	2003
Mayr-Melnhof Karton	Österreich	Verpackung	AT0000938204	1997
Molina Healthca-re	USA	Krankenversicherung	US60855R1005	2007
Natura Cosmeti-cos	Brasilien	Kosmetik	BRNATUACNOR6	2009
Ormat Technolo-gies	USA	Geothermie	US6866881021	2007
Ricoh	Japan	Büromaschinen	JP3973400009	2003
Shimano	Japan	Fahrradkomponenten	JP3358000002	1997
SNS Reaal	Niederlande	Banken	NL0000390706	2011
Solarworld	Deutschland	Fotovoltaik	DE0005108401	2003
Starbucks	USA	Einzelhandel	US8552441094	2003
Steelcase	USA	Einrichtungsgegenstände	US8581552036	2003
Steico	Deutschland	Dämmstoffe	DE000A0LR936	2008
Stericycle	USA	Entsorgung	US8589121081	2012
SunOpta	Canada	Ernährung	CA8676EP1086	2012
Svenska Cellulosa	Schweden	Papier	SE0000112724	2003
Tomra Systems	Norwegen	Pfandflaschengeräte	NO0005668905	1997
Triodos Groen-fonds	Niederlande	Umweltfinanzierung	NL0000440204	1998
United Natural Foods	USA	Bio-Lebensmittel	US9111631035	2007
Vestas Wind	Dänemark	Windturbinen	DK0010268606	2004

[216] Datenquelle: NAI-Index.de (2012), Die Unternehmen im NAI

Literaturverzeichnis

Amely, Tobias (2004): Kleines Bank- und Börsenlexikon, Deutscher Sparkassenverlag, Stuttgart 2004

Arnold, Jens (2011): Die Kommunikation gesellschaftlicher Verantwortung am nachhaltigen Kapitalmarkt: Konzeptuelle Gliederung eines kommunikativen Handlungsfeldes der Kapitalmarktkommunikation, Diss., VS Verlag für Sozialwissenschaften, Wiesbaden 2011

Barkawi, Alexander (2008): Sustinability Indizes. In: Faust, Martin, Scholz, Stefan (Hrsg.) Nachhaltige Geldanlagen: Produkte, Strategien und Beratungskonzepte, 1. Aufl., Frankfurt School Verlag, Frankfurt 2008

Bassen, Alexander (2007): Enviromental, Social & Governance: Neue Einblicke in Unternehmen, in: die bank 2007, Nr. 6

Bauer, Rob, Koedijk, Kees, Otten, Roger (2005): International evidence on ethical mutual fund performance and investment style, in: Journal of Banking and Finance, Vol. 29, No. 7, S. 1751-1767

Bauerfeind, Raik (2007): Corporate Social Responsibility- und Nachhaltigkeitsberichterstattung: Grundlagen und Bewertungsverfahren – Eine Analyse international führender Berichte, Diss., VDM Verlag Dr. Müller, Saarbrücken 2007

Bergius, Susanne (2011): Deutscher Nachhaltigkeitskodex beschlossen, in: Handelsblatt Business Briefing Nachhaltige Investment 2011, Nr. 11, S. 9

Bestmann Uwe (2007): Beck-Wirtschaftsberater Börsen- und Finanzlexikon: Rund 4000 Begriffe für Studium und Praxis, 5. Aufl., Deutscher Taschenbuch Verlag, München 2007

BKC-paderborn.de (2012): Internetseiten der Bank für Kirche und Caritas. URL: http://www.bkc-paderborn.de/ueber_uns0/philosophie.html, http://www.bkc-paderborn.de/etc/medialib/i500m0261/pdf/berichte.Par.0014.File.tmp/Kurzbericht_ 2011.pdf, http://www.bkc-paderborn.de/privatkunden/sparen___anlegen/bkc-variodynamiksparen.html, http://www.bkc-paderborn.de/institutionen_/ kurzfristige_geldanlage/spareinlagen.html, http://www.bkc-paderborn.de/privatkunden/ sparen___anlegen.html, Abruf am 09.04.2011

BMU - Bundesministerium für Umwelt, Naturschutz und Reaktorsicherheit (2012): Pressemitteilung 145/11: Daten und Fakten zur Photovoltaikförderung. URL: http://www.erneuerbare-energien.de/pressemitteilungen/aktuelle_ pressemitteilungen/pm/47966.php, Abruf am 31.03.2012

Boerse-Frankfurt.de (2012): Fonds+ETFs. URL: http://www.boerse-frankfurt.de/ de/nachhaltige+wertpapiere/fonds+etfs, Abruf am 06.05.2012

Boerse-Frankfurt.de (2012): Shares in sustainable indices. URL: http://www. boerse-frankfurt.de/en/sustainable+securites/shares+by+indices, Abruf am 26.04.2012

Boerse-Frankfurt.de (2012): Themenzertifikate. URL: http://www.boerse-frankfurt.de/de/nachhaltige+wertpapiere/zertifikate, Abruf am 06.05.2012

Brockhaus Enzyklopädie in 30 Bänden (2006): Band 14 MAG-MOD, 21. Auflage, Verlag F. A. Brockhaus, Leipzig, Mannheim 2006

Brockhaus Enzyklopädie in 30 Bänden (2006): Band 19 MOSC-NORDD, 21. Auflage, Verlag F. A. Brockhaus, Leipzig, Mannheim 2006

Bundesanzeiger (2011): Bank für Kirche und Caritas eG, Padeborn, Jahresabschluss zum Geschäftsjahr vom 01.01.2010 bis zum 31.12.2010, veröffentlicht am 08.08.2011. URL: https://www.bundesanzeiger.de/ebanzwww/wexsservlet, Abruf am 09.04.2011

Bundesanzeiger (2011): Pax-Bank eG, Köln, Jahresabschluss zum Geschäftsjahr vom 01.01.2010 bis zum 31.12.2010, veröffentlicht am 01.08.2011. URL: https://www.bundesanzeiger.de/ebanzwww/wexsservlet, Abruf am 09.04.2012

Burschel, Carlo, Schulz, Werner F., Weigert, Martin M. u. a. (Hrsg.) (2001): Lexikon Nachhaltiges Wirtschaften, Lehr- und Handbücher zur ökologischen Unternehmensführung und Umweltökonomie, Oldenburg Verlag, München 2001

Busch, Timo, Hoffmann, Johannes, Scherhorn, Gerhardt, (2004): Darmstädter Definition Nachhaltiger Geldanlagen, Wuppertal-Institut für Klima, Umwelt, Energie, Wuppertal 2004

BVI - Bundesverband Investment und Asset Management e.V. (2012): Zeitreihe Publikumfonds, Spezialfonds und Vermögen. URL: http://www.bvi.de/de/ statistikwelt/Investmentstatistik/download/ZR_FVMA_1950_bis_2010.pdf, Abruf am 23.03.2012

DAX-Indices.com (2012): DAX-Indices. URL: http://www.dax-indices.com/DE/ index.aspx?pageID=25&ISIN=DE000A0MEU42, http://dax-indices.com/DE/ index.aspx?pageID=25&ISIN=DE000A1EXNT3, Abruf am 26.04.2012

Deutscher Derivaten Verband (2010): Marktvolumen der derivaten Wertpapieren, Dezember 2010. URL: http://www.derivate-verband.de/DE/MediaLibrary/ Document/PM/12%20PM%20Marktvolumen%20Dezember%202010.pdf, Abruf am 06.05.2012

Dewner, Thomas M., Gramlich, Ludwig, Lange, Thomas A., Krumnow, Jürgen, (Hrsg.) (2002): Gabler Bank Lexikon, 13. Aufl., Gabler Verlag, Wiesbaden 2002

Die-Klimaschutz-Baustelle.de (2012): Beteiligungen & Genussrechte. URL: http:// www.die-klimaschutz-baustelle.de/beteiligungen.html, Abruf am 27.04.2012

ECOreporter.de (2012): Aktien. URL: http://www.ecoreporter.de/index.php?id= 30&scripturl=kursliste&klid=4&tab=0&order=asc, Abruf am 22.04.2012

ECOreporter.de (2012): Versicherungen. URL: http://www.ecoreporter.de/ Versicherungen.32.0.html, Abruf am 20.04.2012

EFFAS - European Federation of Financial Analysts Societies (2010): KPIs for ESG: A Guideline for the Integration of ESG into Financial Analysts and Corporate Valuation, Version 3.0. URL: http://www.dvfa.de/files/die_dvfa/kommissionen/non_financials/application/pdf/KPIs_ESG_FINAL.pdf, Abruf am 21.03.2012

Ethikbank.de (2012): Internetseiten der Ethikbank. URL: http://www. ethikbank.de/, http://www.ethikbank.de/privatkunden/kurzfristige-geldanlage/zinskonto-deutschland.html#c439, http://www.ethikbank.de/geschaeftskunden/kurzfristige-geldanlage/zinskontobusiness-deutschland.html#c336, http://www.ethikbank.de/privatkunden/kurzfristige-geldanlage/festgeld.html#c467, http://www.ethikbank.de/geschaeftskunden/kurzfristige-geldanlage/festgeldbusiness.html#c368, http://www.ethikbank.de/privatkunden/langfristige-geldanlage/bonusplus.html#c455, http://www.ethikbank.de/privatkunden/ langfristige-geldanlage/sparbrief.html#c423, http://www.ethikbank.de/geschaeftskunden/langfristige-geldanlage/sparbrief.html, http://www.ethikbank.de/privatkunden/ langfristige-geldanlage.html, http://www.ethikbank.de/service/einlagensicherung.html, http://www.ethikbank.de/service/ presse-zentrum/zahlen-fakten.html, Abruf am 06.04.2012

Europäische Komission (2001): Europäische Rahmenbedingungen für die soziale Verantwortung der Unternehmen. URL: http://eur-lex.europa.eu/LexUriServ/site/de/com/2001/com2001_0366de01.pdf, Abruf am 27.06.2012

Eurosif (2004): Vermögensverwalter von Pensionsfonds als Nachhaltige Investoren, 2004-2005. URL: http://www.eurosif.org/images/stories/pdf/eurosif_pension_toolkit_2004_2005_de.pdf, Abruf am 08.06.2012

Eurosif (2010): European SRI Study 2010. URL: http://www.eurosif.org/images/stories/pdf/Research/Eurosif_2010_SRI_Study.pdf, Abruf am 23.03.2012

fairPla.net eG (2012). URL: http://www.fairpla.net/frame-123-Klimaformel.html, Abruf am 31.03.2012

Faust, Martin, Scholz, Stefan (2008): Nachhaltige Geldanlagen, in: Faust, Martin, Scholz, Stefan (Hrsg.) Nachhaltige Geldanlagen: Produkte, Strategien und Beratungskonzepte, 1. Aufl., Frankfurt School Verlag, Frankfurt 2008

Finanz-depot.de (2010): Welche kirchlichen Banken gibt es in Deutschland? URL: http://www.finanz-depot.de/banken/welche-kirchlichen-banken-gibt-es-in-deutschland/227/, Abruf am 27.06.2012

von Flotow, Paschen (2008): Nachhaltige Publikumsfonds im deutschsprachigen Markt – Konzepte und gute Gründe, in: Faust, Martin, Scholz, Stefan (Hrsg.) Nachhaltige Geldanlagen: Produkte, Strategien und Beratungskonzepte, 1. Aufl., Frankfurt School Verlag, Frankfurt 2008

von Flotow Paschen, Kachel, Petra (2011): Nachhaltigkeit und Shareholder Value aus Sicht börsennotierter Unternehmen: Ergebnisse einer Umfrage des Deutschen Aktieninstituts e.V. und des Sustainable Business Institute (SBI) e.V., in: von Rosen Rüdiger (Hrsg.) Studien des Deutschen Aktieninstituts, Heft 50, Frankfurt am Main 2011

FNG - Forum Nachhaltige Geldanlagen e. V. (2006): Statusbericht Nachhaltige Geldanlagen 2005: Deutschland, Österreich und die Schweiz. URL: http://www.forum-ng.org/images/stories/nachhaltige_geldanlagen/statusbericht_ fng_2005.pdf, Abruf am 24.03.2012

FNG - Forum Nachhaltige Geldanlagen e. V. (2008): Statusbericht Nachhaltiger Anlagemarkt 2008: Deutschland, Österreich und die Schweiz. URL: http://www. forum-ng.org/de/publikationen-und-literatur/publikationen/ publikationenfng/ easy-table/21.html, Abruf am 24.03.2012

FNG - Forum Nachhaltige Geldanlagen e. V. (2011): Marktbericht nachhaltiger Geldanlagen 2011: Deutschland, Österreich und die Schweiz. URL: http://www. forum-ng.org/images/stories/nachhaltige_geldanlagen/FNG_Marktbericht_Nov2011 _web.pdf, Abruf am 24.03.2012

FNG - Forum der Nachhaltigen Geldanlagen e. V. (2012): Nachhaltige Geldanlagen. URL: http://www.forum-ng.org/de/nachhaltige-geldanlagen/nachhaltige-geldanlagen.html, Abruf am 24.03.2012

ForestFinance.de (2012): Internetseiten der Forst Finance GmbH. URL: http:// www.forestfinance.de/BaumSparVertrag.34.0.html?, http://www.forestfinance.de/ FAQ.40.0.html?#c222, http://www.forest finance.de/CacaoInvest.468.0.html?, Wald-SparBuch. URL: http://www. forestfinance.de/WaldSparBuch.50.0.html?, Wood StockInvest. URL: http://www.forestfinance.de/WoodStockInvest.49.0.html?, Abruf am 31.03.2012

Freeman, R. Edward (1984): Strategic management: a stakeholder approach, Pitman, Boston 1984

Fricke, Anno (2010): Grüne Geldanlage: Verantwortungsvoll investieren, Stiftung Warentest, Berlin 2010

Fuchs, Sven (2010): Green Building - Certs and Ratings – Pro. URL: http://www. xing.com/net/energycertspro/erfahrungsaustausch-exchange-of-experiences-certs-pro-236332/300-mio-euro-green-building-spezialfonds-der-ivg-voll-platziert-29761760/2, Abruf am 07.05.2012

Gabriel, Klaus (2005): Nachhaltigkeitsindizes: Indices of Sustainability, IKO-Verlag für die Interkulturelle Kommunikation, Frankfurt am Main, London 2005

Gabriel, Klaus (2007): Nachhaltigkeit am Finanzmarkt: Mit ökologisch und sozial verantwortlichen Geldanlagen die Wirtschaft gestalten, oekom Verlag, München 2007

GCIndex.com (2012): Global Challenges Index. URL: http://www.gcindex. com/de/, Abruf am 26.04.2012

Geldanlagen.de (2012): Geschlossene Fonds. URL: http://www.geldanlagen.de/ finanzlexikon/geschlossene-fonds.php, Abruf am 31.03.2012

Global Reporting Initiative (2012): Leitfaden zur Nachhaltigkeitsberichterstattung. URL: https://www.globalreporting.org/resourcelibrary/German-G3-Reporting-Guidelines.pdf, Abruf am 20.03.2012

GLS.de (2012): Internetseiten der GLS Bank. URL: http://www.gls.de/, http://www.gls.de/die-gls-bank/ueber-uns/geschichte/, http://www.gls.de/unsere-angebote/geldanlagen/tagesgeldkonto/, http://www.gls.de/unsere-angebote/ geldanlagen/festgeld/, http://www.gls.de/unsere-angebote/vorsorge/anlageplan/, http:// www.gls.de/unsere-angebote/geldanlagen/sparbrief/, http://www.gls.de/unsere-angebote/geldanlagen/, Abruf am 06.04.2012

Groß, Christoph, Häßler, Rolf D. (2011): Nachhaltigkeitskriterien bei der Auswahl von Staatsanleihen. In: Brickwedde, Fritz, Dittrich, Michael (Hrsg.): Nachhaltige Kapitalanlagen – Neue Chancen nach der Finanzkrise? 16. Internationale Sommerakademie St. Marienthal, Erich Schmidt Verlag, Berlin 2011

Hawliczek, Jens (2008): Kapitalmarktfaktor Moral? Kursimplikation ethisch relevanter Aspekte auf dem Kapitalmarkt, Diss., Gabler, Wiesbaden 2008

Henle, Benjamin (2008): Nachhaltigkeit messen: Soziale Indikatoren für Finanzdienstleister, oekom, München 2008

Hörter, Steffen, Krimm, Theresa, Menzinger, Barbara, Zagst, Rudi (2011): Responsible Investing: Verantwortlich investieren, FinanzBuch Verlag, München 2011

HVB & oekom research (2007): Welche Renditeerwartungen erfüllen sich langfristig mit einem nachhaltigen Portfolio: Studie zur Performance von Best-In-Class Portfolien. URL: http://www.oekom-research.com/homepage/german/ Performance-Studie_07.pdf, Abruf am 11.05.2012

imug.de (2012): Nachhaltigkeitsratings: Staatsanleihen. URL: http://www.imug.de/content/view/88/231/, Abruf am 27.04.2012

IWR.de (2012): RENIXX. URL: http://www.iwr.de/renixx/, Abruf am 26.04.2012

Jonker, Jan, Stark, Wolfgang, Tewes, Stefan (2011): Corporate Social Responsibility und nachhaltige Entwicklung: Einführung, Strategie und Glossar, Springer Verlag, Berlin Heidelberg 2011

Karch, Heribert (2009): Das Versorgungswerk MetallRente – Ziele und Strategien einer sozialpartnerschaftlichen Einrichtung, in: Ulshöfer, Gotlind, Bonnet, Gesine (Hrsg.): Corporate Social Responsibility auf dem Finanzmarkt: Nachhaltiges Investment – politische Strategien – ethische Grundlagen, VS Verlag für Sozialwissenschaften, Wiesbaden 2009

KD-Bank.de (2012): Internetseiten der Bank für Kirche und Diakonie eG. URL: http://www.kd-bank.de/wir_fuer_sie/ueber_kd_bank/philosophie.html, http://www. kd-bank.de/wir_fuer_sie/ueber_kd_bank/geschichte.html, http://www.kd-bank.de/etc/medialib/i500m0320/05_Aktuelle_Meldungen/presse-center.Par.0068.File.tmp/Gesch%C3%A4ftsbericht_2010_web.pdf, http://www.kd-bank.de/etc/medialib/i500m0320/03_Privatkunden0/privatkunden/pdf.Par.0005.File.tmp/PK_08032012_web_.pdf, http://www.kd-bank.de/privatkunden/1/sparen/bonusplan.html, http:// www.kd-bank.de/wir_fuer_sie/ueber_kd_bank/sicherungseinrichtung.html, Abruf am 07.04.2012

Kellermann, Daniel (2011): Ratgeber Umwelt- und Erneuerbare Energie Beteiligungen, greenValue GmbH, Schweig bei Nürnberg, 2011

Kirig, Anja, Rauch, Christian, Wenzel, Eike (2007): Zielgruppe LOHAS: wie der grüne Lifestyle die Märkte erobert, Zukunftsinstitut GmbH, Kelkheim 2007

Kirig, Anja, Wenzel, Eike (2009): Bewusst grün – alles über die neuen Lebenswelten, Redline Verlag, München 2009

Langer, Gunner (2011): Unternehmen und Nachhaltigkeit: Analyse und Weiterentwicklung aus der Perspektive der wissensbasierten Theorie der Unternehmung, Diss., Gabler Verlag, Wiesbaden 2011

Liga-Bank.de (2012): Internetseiten der LIGA Bank. URL: http://www. liga-bank.de/wir_fuer_sie/philosophie/geschichte.html, http://www.ligabank.de/wir_fuer_sie/philosophie/in_zahlen.html, http://www.ligabank.de/etc/medialib/i240m0270/wir_fuer_sie/w_pdf_s.Par.0042.File.tmp/LIGA_Bank_GB_2010_niederpdf, http://www.ligabank.de/wir_fuer_sie/0.html, http://www.ligabank.de/ privatkunden0/sparen___anlegen/geld_anlegen/liga_spezialkonto.html, http://www. liga-bank.de/firmenkunden/sparen___anlegen/liga_festgeld.html, http://www. liga-bank.de/firmenkunden/sparen___anlegen/vr-termingeld.html, Abruf am 09.04.2012

Meckenstock, Günter (1997): Wirtschaftsethik, Walter de Gruyter, Berlin, New York 1997

Münstermann, Matthias (2007): Corporate Social Responsibility: Ausgestaltung und Steuerung von CRS-Aktivitäten, Diss., Gabler, Wiesbaden 2007

Nachhaltiges-Investment.com (2012): Internetseiten in Verantwortung von Lenz, Björn. URL: http://www. nachhaltiges-investment. com/lovos.php, http://www. nachhaltiges-investment.com/lohas.php, Abruf am 27.06.2012

Nachhaltiges Investment.org (2012): Aktiendatenbank. URL: http://www. nachhaltiges-investment.org/Unternehmen/Unternehmensdatenbank.aspx?lang=de-DE, Abruf am 22.04.2012

Nachhaltiges-Investment.org (2012): Fondsdatenbank. URL: http://www. nachhaltiges-investment.org/Fonds/Datenbank/Ergebnis.aspx, Abruf am 07.05.2012

Nachhaltiges-Investment.org (2012): Indizes. URL: http://www.nachhaltiges-investment.org/Indizes/Datenbank.aspx, http://www.nachhaltiges-investment.org/Indizes/Datenbank/Ergebnis.aspx?idIndex=8, http://www.nachhaltiges-investment.org/Indizes/Datenbank/Ergebnis.aspx?idIndex=13, http://www. nachhaltiges-investment.org/Indizes/Datenbank/Ergebnis.aspx?idIndex=65, http://www. nachhaltiges-investment.org/Indizes/Datenbank/Ergebnis.aspx?idIndex=66, http://www.nachhaltiges-investment.org/Indizes/Datenbank/Ergebnis.aspx?idIndex=67, http://www.nachhaltiges-investment.org/Indizes/Datenbank/Ergebnis.aspx?idIndex= 68, http://www.nachhaltiges-investment.org/Indizes/Datenbank/Ergebnis.aspx? idIndex=71, http://www.nachhaltiges-investment.org/Indizes/Datenbank/ Ergebnis.aspx?idIndex=86, Abruf am 22.04.2012

Nachhaltiges-Investment.org (2012): Researchkonzepte. URL: http://www. nachhaltiges-investment.org/Dienstleister/Researchkonzepte.aspx, http://www. nachhaltiges-investment.org/Ratings/Researchkonzepte/Bank-Sarasin---Cie-AG.aspx, http://www.nachhaltiges-investment.org/Ratings/Researchkonzepte/imug-Beratungsgesellschaft-mbH.aspx, http://www.nachhaltiges-investment.org/ Ratings/Researchkonzepte/KBC-Asset-Management.aspx, http://www.nachhaltiges-investment.org/Ratings/Researchkonzepte/oekom-research-AG.aspx, http://www. nachhaltiges-investment.org/Ratings/Researchkonzepte/Sustainalytics-GmbH.aspx, Abruf am 05.05.2012

Nachhaltigkeitsrat.de (2012): Deutscher Nachhaltigkeitskodex – erste Entsprechenserklärungen vorgelegt. URL: http://www.nachhaltigkeitsrat.de/news-nachhaltigkeit/2012/2012-02-23/deutscher-nachhaltigkeitskodex-erste-entsprechens-erklaerungen-vorgelegt, Abruf am 27.06.2012

NAI-Index.de (2012): Internetseiten des Natur-Aktien-Indexes. URL: http://www. nai-index.de/seiten/ausschuss_geschichte.html, http://www.nai-index.de/seiten/ firmen_liste.html, http://www.nai-index.de/pdf/nai_kriterien.pdf, Abruf am 25.03.2012

n-tv.de (2009): Scharia-Bank eröffnet Filiale, 17.10.2009. URL: http://www.n-tv.de/wirtschaft/ Scharia-Bank-eroeffnet-Filiale-article551846.html, Abruf am 07.04.2012

oeco-capital.de (2012): Produkte. URL: http://www.oeco-capital.de/oec/de/pub/ startseite.cfm, Abruf am 20.04.2012

Ordensbank.de (2012): Internetseiten der Bank für Orden und Mission. URL: http://www.ordensbank.de/, http://www.ordensbank.de/index.php?option=com_ content&task=view&id=196&Itemid=240&phpMyAdmin=15c4ace0c3dt3983aba4, http://www.ordensbank.de/index.php?option=com_content&view=article&id=91&Itemid=126, http://www.ordensbank.de/index.php?option=com_content&task= view&id=100&Itemid=129&phpMyAdmin=15c4ace0c3dt3983aba4, http://www. ordensbank.de/index.php?option=com_content&view=article&id=483& Itemid=100019, http://www.ordensbank.de/index.php?option=com_content&view= article&id=92&Itemid=127, http://www.ordensbank.de/index.php?option=com_ content&view= article&id=46&Itemid=220, Abruf am 07.04.2012

Pauli, Björn (2007): Nachhaltigkeitsindizes: Struktur, Komponentenauswahl und Bewertungsmethodik, VDM Verlag Dr. Müller, Saarbrücken 2007

Pax-Bank.de (2012): Internetseiten der PAX-Bank. URL: http://www.paxbank.de/ die-bank/warum-,pax-bank.html, http://www.paxbank.de/die-bank/unsere-bank/ geschichte.html, http://www.paxbank.de/die-bank/unsere-standorte.html, http://www. paxbank.de/fuer-institutionen/einlagensicherung.html, http://www.paxbank.de/fuer-institutionen/termineinlagen.html, Abruf am 09.04.2012

Pelikan, Edmund (2012): Anders investieren: Einführung in die nachhaltige Geldanlage, epk media GmbH & Co. KG, Landshut 2010

Pinner, Wolfgang (2003): Ethische Investments, 1. Aufl., Gabler, Wiesbaden 2003

Rat für Nachhaltige Entwicklung (2012): Der Deutsche Nachhaltigkeitskodex (DNK): Empfehlungen des Rates für Nachhaltige Entwicklung und Dokumentation des Multistakeholderforums am 26.09.2011, texte Nr. 41, Januar 2012. URL: http://www.nachhaltigkeitsrat.de/uploads/media/RNE_Der_Deutsche_Nachhaltigkeitskodex_DNK_texte_Nr_41_Januar_2012_02.pdf, Abruf am 20.03.2012

Reschke, Lars-Erik (2010): Ethikbasierte und nachhaltige Aktienfonds: ein risiokoadjustierter Performancevergleich zu traditionellen Aktienfonds, in: Fahling, Ernst (Hrsg.), Nachhaltige Anlagekonzepte für die Finanzwirtschaft, International School of Management, Dortmund 2010

Rothenbücher, Mario (2011): Nachhaltige Investments: Geldanlagen in Zeiten der Clean Technology, Dipl., Diplomica Verlag, Hamburg 2011

Rotthaus, Stephan (2009): Erfolgreich investieren in grüne Geldanlagen - ökologisch, ethisch, nachhaltig, Frankfurt am Main 2009

Sarasin.de (2011): Nachhaltigkeitsstudie der Bank Sarasin: Nachhaltige Länder mit höheren Renditen bei Staatsanleihen. URL: http://www.sarasin.de/internet/iede/print/index_iede/about_us_iede/about_us_media_relations_iede/about_us_news_iede.htm?reference=127407&checkSum=E24637E05D7E4A8F273980A95D2BD5E0, Abruf am 27.04.2012

Schäfer, Henry, Lindenmayer, Philipp (2007): Implikationen von CRS-Rating-Systemen auf SRI-basiertes Asset-Management, Forschungsbericht 01/2007, Betriebswirtschaftliches Institut der Universität Stuttgart, Stuttgart 2007

Schins, Roman (2006): Wie sind Unternehmen von Nachhaltigkeit betroffen? in: Scheider, Stefan (Hrsg.), Erfolgsweg Nachhaltigkeit – zukunftsorientiert investieren und handeln, Dt. Sparkassenverlag, Stuttgart 2006

Schneider, Stefan (2006): Der Markt für nachhaltige Investments, in: Scheider, Stefan (Hrsg.), Erfolgsweg Nachhaltigkeit – zukunftsorientiert investieren und handeln, Dt. Sparkassenverlag, Stuttgart 2006

Schneider, Stefan (Hrsg.) (2011): Studie zum Markt für nachhaltige Zertifikate und Exchange Traded Funds in Deutschland. URL: http://www.derivateverband.de/DE/MediaLibrary/Document/Studies/Studie%20zum%20Markt%20f%C3%BCr%20nachhaltige%20Zertifikate%20und%20ETFs%20per%2031.12.2010.pdf, Abruf am 05.05.2012

Schneeweiß Antje (2010): Ethisches Investment gegen den Crash, in: Kessler, W., Schneeweiß, Antje (Hrsg.), Geld und Gewissen: Was wir gegen den Crash tun können, Publik-Forum Verlagsgesellschaft mbH, Oberursel 2010

Schoenheit, Ingo (2005): Markttransparenz im Socially Responsible Investment, Peter Lang Verlag, Frankfurt am Main 2005

Schröder, Michael (2008): Performance Nachhaltiger Geldanlagen, in: Faust, Martin, Scholz, Stefan (Hrsg.) Nachhaltige Geldanlagen: Produkte, Strategien und Beratungskonzepte, 1. Aufl., Frankfurt School Verlag, Frankfurt 2008

Schüler, Alexander (2006): Wie lässt sich die Nachhaltigkeit definieren? in: Schneider, Stefan (Hrsg.), Erfolgsweg Nachhaltigkeit – zukunftsorientiert investieren und handeln, Dt. Sparkassenverlag, Stuttgart 2006

Schulz, Stefan (2012): Q-Cells-Insolvenz: Ende der deutschen Solarzelle, in: Spiegel-online vom 02.04.2004. URL: http://www.spiegel.de/wirtschaft/unternehmen/0,1518,825284,00.html, Abruf am 22.04.2012

Seitz, Johann (2010): Nachhaltige Investments: Eine empirisch-vergleichende Analyse der Performance ethisch-nachhaltiger Investmentfonds in Europa, Dipl., Diplomica Verlag GmbH, Hamburg 2010

Speer, Sandra (20011): Gesellschaftliche Verantwortung von Unternehmen, in: Unterricht Wirtschaft + Politik/Unternehmen in Wirtschaft und Gesellschaft, Jg. 1 H. 3 2011 Friedrich Verlag GmbH, Seelze 2011

Steyler-bank.de (2012): Internetseiten der Steyler Bank GmbH. URL: http://www.steyler-bank.de/index.php?id=165, http://www.steyler-bank.de/fileadmin/steyler/pdf/Bilanz/Bilanz2010.pdf, http://www.steyler-bank.de/index.php?id=557, http://www.steyler-bank.de/index.php?id=164, http://www.steyler-bank.de/index.php?id=161, http://www.steyler-bank.de/index.php?id=163, http://www.steyler-bank.de/index.php?id=511, Abruf am 09.04.2012

Sustainability-Index.com (2012): Internetseiten der Dow Jones Sustainability Indizes. URL: http://www. sustainability-index.com/djsi_pdf/publications/ Factsheets/SAM_IndexesMonthly_ DJSIEurope.pdf, http://www. sustainability-ndex.com/djsi_pdf/publications/Factsheets/SAM_IndexesMonthly_DJSIEurozone.pdf, http://www.sustainability-ndex.com/djsi_pdf/publications/ Factsheets/SAM_ Indexes-Monthly_DJSIWorldEnlarged.pdf, http://www. sustainability-index.com/djsi_pdf/publications/Factsheets/SAM_IndexesMonthly_DJSIWorld.pdf, http://www.sustainability-index.com/djsi_pdf/publications/Factsheets/SAM_Indexes Monthly_DJSIWorld80.pdf, http://www.sustainability-index.com/djsi_pdf/ publications/Factsheets/SAM_IndexesMonthly_DJSIEurope40.pdf, http://www. sustainability-index.com/djsi_pdf/publications/Factsheets/SAM_IndexesMonthly_DJSI Eurozone40.pdf, http://www.sustainability-index.com/07_htmle/assessment/ overview.html Abruf am 20.04.2012

Tremmel, Jörg (2003): Nachhaltigkeit als politische und analytische Kategorie: Der deutsche Diskus um nachhaltige Entwicklung im Spiegel der Interessen der Akteure, oekom Verlag, München 2003

Triodos.de (2012): Internetseiten der Triodos Bank. URL: http://bericht.triodos.de/de/2010/dasunternehmen/dieeuropaeischenachhaltigkeitsbank.html?cat=b, http://www.triodos.de/de/privatkunden/tagesgeld/details/, http://www.triodos.de/de/ privatkunden/sparplan/details/, http://www.triodos.de/de/geschaeftskunden/geldanlage/ http://www.triodos.de/de/ueber-triodos/was-wir-tun/einlagensicherung/, Abruf am 07.04.2012

UmweltBank.de (2012): Anlagekonditionen. URL: http://www. umweltbank.de/unsere_aktie/index_gb_2010_uebersicht.html, http://www. umweltbank.de/anlagekonditionen/default.html, Abruf am 07.04.2012

UmweltBank.de (2012): Fonds- und Wertpapierkurse. URL: http://www. umwelt-bank.de/aktienkurse/default.html, Abruf am 27.04.2012

UmweltBank.de (2012): UBAI – der Aktienindex der UmweltBank. URL: http://www.umweltbank.de/aktien/index_ubai.html, Abruf am 27.06.2012

Upgang, Mechthild (2009): Gewinn mit Sinn: Wie Sie Ihr Geld sicher anlegen – mit gutem Gewissen. Der nachhaltige Finanzratgeber, oekom Verlag, München

versiko.de (2012): Gute Altersvorsorge. URL: http://www.versiko.de/gute-altersvorsorge/gute-altersvorsorge/, Abruf am 20.04.2012

WCED - World Comission on Environment and Development(1987): Our common Futur: Untersuchungsbericht unter Vorsitz von Gro Harlem Brundland, Oxford Univ. Pr., Oxford 1987

Weber, Max (2010): Die protestantische Ethik und der Geist des Kapitalismus. Herausgegeben von Kaesler, Dirk, 3. Auflage, Verlag C. H. Beck, München 2010

Wikipedia.de (2012): Ethikfonds. URL: http://de.wikipedia.org/wiki/Ethikfonds, Abruf vom 29.01.2012

Wikipedia.de (2012): Einfaches Leben. URL: http://de.wikipedia.org/wiki/ Einfa-ches_Leben, Abruf am 20.04.2012

Verzeichnis sonstiger Quellen

AltZertG (2010): Gesetz über die Zertifizierung von Altersvorsorge- und Basisrenten-verträgen (Altersvorsorgeverträge-Zertifizierungsgesetz) vom 26.06.2001 (BGBl. I S. 1310, 1322) mit allen späteren Änderungen in der Fassung vom 08.12.2010, in BGBl. I S. 1768.

VAG (2012): Gesetz über die Beaufsichtigung der Versicherungsunternehmen (Versi-cherungsaufsichtsgesetz) vom 17. 12.1992 (BGBl. 1993 I S. 2) mit allen späteren Änderungen in der Fassung vom 15.03.2012, in: BGBl. I S. 462.